Rosamaria Murtinho

Simples Magia

Rosamaria Murtinho

Simples Magia

Tania Carvalho

imprensaoficial

São Paulo

GOVERNO DO ESTADO
DE SÃO PAULO

Governador Alberto Goldman

imprensaoficial Imprensa Oficial do Estado de São Paulo

Diretor-presidente Hubert Alquéres

Coleção Aplauso

Coordenador Geral Rubens Ewald Filho

No Passado Está a História do Futuro

A Imprensa Oficial muito tem contribuído com a sociedade no papel que lhe cabe: a democratização de conhecimento por meio da leitura.

A Coleção Aplauso, lançada em 2004, é um exemplo bem-sucedido desse intento. Os temas nela abordados, como biografias de atores, diretores e dramaturgos, são garantia de que um fragmento da memória cultural do país será preservado. Por meio de conversas informais com jornalistas, a história dos artistas é transcrita em primeira pessoa, o que confere grande fluidez ao texto, conquistando mais e mais leitores.

Assim, muitas dessas figuras que tiveram importância fundamental para as artes cênicas brasileiras têm sido resgatadas do esquecimento. Mesmo o nome daqueles que já partiram são frequentemente evocados pela voz de seus companheiros de palco ou de seus biógrafos. Ou seja, nessas histórias que se cruzam, verdadeiros mitos são redescobertos e imortalizados.

E não só o público tem reconhecido a importância e a qualidade da Aplauso. Em 2008, a Coleção foi laureada com o mais importante prêmio da área editorial do Brasil: o Jabuti. Concedido pela Câmara Brasileira do Livro (CBL), a edição especial sobre Raul Cortez ganhou na categoria biografia.

Mas o que começou modestamente tomou vulto e novos temas passaram a integrar a Coleção ao longo desses anos. Hoje, a Aplauso inclui inúmeros outros temas correlatos como a história das pioneiras TVs brasileiras, companhias de dança, roteiros de filmes, peças de teatro e uma parte dedicada à música, com biografias de compositores, cantores, maestros, etc.

Para o final deste ano de 2010, está previsto o lançamento de 80 títulos, que se juntarão aos 220 já lançados até aqui. Destes, a maioria foi disponibilizada em acervo digital que pode ser acessado pela internet gratuitamente. Sem dúvida, essa ação constitui grande passo para difusão da nossa cultura entre estudantes, pesquisadores e leitores simplesmente interessados nas histórias.

Com tudo isso, a Coleção Aplauso passa a fazer parte ela própria de uma história na qual personagens ficcionais se misturam à daqueles que os criaram, e que por sua vez compõe algumas páginas de outra muito maior: a história do Brasil.

Boa leitura.

Alberto Goldman
Governador do Estado de São Paulo

Coleção Aplauso

O que lembro, tenho.
Guimarães Rosa

A *Coleção Aplauso*, concebida pela Imprensa Oficial, visa resgatar a memória da cultura nacional, biografando atores, atrizes e diretores que compõem a cena brasileira nas áreas de cinema, teatro e televisão. Foram selecionados escritores com largo currículo em jornalismo cultural para esse trabalho em que a história cênica e audiovisual brasileiras vem sendo reconstituída de maneira singular. Em entrevistas e encontros sucessivos estreita-se o contato entre biógrafos e biografados. Arquivos de documentos e imagens são pesquisados, e o universo que se reconstitui a partir do cotidiano e do fazer dessas personalidades permite reconstruir sua trajetória.

A decisão sobre o depoimento de cada um na primeira pessoa mantém o aspecto de tradição oral dos relatos, tornando o texto coloquial, como se o biografado falasse diretamente ao leitor.

Um aspecto importante da *Coleção* é que os resultados obtidos ultrapassam simples registros biográficos, revelando ao leitor facetas que também caracterizam o artista e seu ofício. Biógrafo e biografado se colocaram em reflexões que se estenderam sobre a formação intelectual e ideológica do artista, contextualizada na história brasileira.

São inúmeros os artistas a apontar o importante papel que tiveram os livros e a leitura em sua vida, deixando transparecer a firmeza do pensamento crítico ou denunciando preconceitos seculares que atrasaram e continuam atrasando nosso país. Muitos mostraram a importância para a sua formação terem atuado tanto no teatro quanto no cinema e na televisão, adquirindo, linguagens diferenciadas – analisando-as com suas particularidades.

Muitos títulos exploram o universo íntimo e psicológico do artista, revelando as circunstâncias que o conduziram à arte, como se abrigasse em si mesmo desde sempre, a complexidade dos personagens.

São livros que, além de atrair o grande público, interessarão igualmente aos estudiosos das artes cênicas, pois na *Coleção Aplauso* foi discutido o processo de criação que concerne ao teatro, ao cinema e à televisão. Foram abordadas a construção dos personagens, a análise, a história, a importância e a atualidade de alguns deles. Também foram examinados o relacionamento dos artistas com seus pares e diretores, os processos e as possibilidades de correção de erros no exercício do teatro e do cinema, a diferença entre esses veículos e a expressão de suas linguagens.

Se algum fator específico conduziu ao sucesso da *Coleção Aplauso* – e merece ser destacado –, é o interesse do leitor brasileiro em conhecer o percurso cultural de seu país.

À Imprensa Oficial e sua equipe coube reunir um bom time de jornalistas, organizar com eficácia a pesquisa documental e iconográfica e contar com a disposição e o empenho dos artistas, diretores, dramaturgos e roteiristas. Com a *Coleção* em curso, configurada e com identidade consolidada, constatamos que os sortilégios que envolvem palco, cenas, coxias, sets de filmagem, textos, imagens e palavras conjugados, e todos esses seres especiais – que neste universo transitam, transmutam e vivem – também nos tomaram e sensibilizaram.

É esse material cultural e de reflexão que pode ser agora compartilhado com os leitores de todo o Brasil.

Hubert Alquéres
Diretor-presidente
Imprensa Oficial do Estado de São Paulo

Prefácio

Rosamaria Murtinho não queria fazer este livro. Tinha medo de parecer pretensiosa falando de si mesma. Não foi fácil convencê-la, mas com jeitinho, um sorriso aqui, uma palavra certa acolá, ela finalmente aceitou.

E, homeopaticamente, em muitas sessões, foi possível traçar o perfil desta atriz que estourou no Brasil inteiro com a novela *A Moça que Veio de Longe*, na década de 60 do século passado, e que permanece até hoje em atividade constante no teatro, na televisão e menos no cinema do que gostaria. E que garante ter feito uma opção pela simplicidade, honestidade e transparência, o que nem sempre lhe rendeu muitos frutos. *Prefiro ser eu mesma sempre e olhar para o espelho quando escovo os dentes com alegria, orgulho e dando gargalhadas.*

Arrancar confissões de Rosamaria foi tarefa complicada. Sua memória é curta. Ela pouco se lembra do passado e parece não estar interessada nisso, como se o futuro estivesse sempre pronto a oferecer-lhe novos desafios. *Personalíssima*, peça em que viveu a cantora Isaurinha Garcia, um dos seus últimos trabalhos em teatro, por exemplo, é assunto recorrente. Em cada uma das sessões de entrevista, ela encontrou um jeito de falar desta experiência, que a obrigou a largar mão de sua vivência de menina criada em Ipanema para entrar de cabeça em uma paulista do Brás. E mostrou a todos uma faceta até então desconhecida, a da Rosamaria cantora. Afinal, poucos sabem que ela gravou um disco na década de 1960, quando vivia uma cantora da noite em uma novela, hoje transformado em *cult* pelo remixes que invadem as discotecas londrinas.

É... Rosinha – como muitos a chamam – é cheia de surpresas. Sem papas na língua, não esconde a sua raiva por não ter sido indicada para prêmio por *Personalíssima*, por problemas burocráticos, nem a sua falta de perspicácia para perceber que pouco a pouco foi passada para trás em sua carreira de estrela televisiva. Como diz com humor *nem percebeu quando de protagonista passou para amiga da mocinha*.

Vaidosa de suas conquistas, da família que construiu com o marido Mauro Mendonça – os filhos João Paulo, Rodrigo e Maurinho, todos também artistas – do pouco cabelo branco que tem e que esconde com aplicações de henna, da excelente forma física, do corpo delgado, mas com formas, que revela o seu passado de bailarina, e esconde (e bem) a sua idade. Aliás, este é um segredo que gosta de guardar e jura que da sua boca jamais sairá a data real de seu nascimento. Segue o exemplo da mãe, que considerava revelar a idade quase uma falta de educação.

As entrevistas foram feitas na casa em que mora há muitas décadas em São Conrado, na zona sul do Rio de Janeiro. Em muitos momentos, a atriz se emocionou ao lembrar fatos e confessou que estava fazendo quase uma terapia ao enveredar pelos caminhos de sua carreira de mais de 50 anos.

Atenção: Rosinha começou bem jovem no grupo de teatro amador do irmão e que ninguém fique fazendo contas, para desvendar o segredo tão bem guardado. Rosamaria fez questão em todos os encontros de compartilhar um bolinho, um sanduíche, morangos com merengue em um descontraído lanche que colocava ponto final nas sessões. Uma gentileza que revela uma de suas principais características: o respeito ao outro e a consideração com que busca tratar a todos.

Rosamaria reconhece que muitas vezes foi mal interpretada, disse a palavra certa na hora inexata, fez comentários que não deveria ter feito. *O Escorpião é assim, não precisa de inimigos, ele é o inimigo de si mesmo.* Para amenizar os efeitos de tão destruidor signo, Rosamaria fez anos de análise e agora garante estar mais afeita às práticas da boa vizinhança, ao jogo de interesses e vaidades que rege qualquer atividade, em especial o mundo do espetáculo. Garante que já sabe fazer uma certa política de sorrisos e cumprimentos falsos e até se diverte com ela, mas não é isso que suas palavras revelam. Confira!

A moça que veio de longe realmente chegou longe. E pretende mais! Como provam as suas palavras no depoimento e no Questionário Proust – aquele que o famoso escritor gostava de responder junto com os amigos em brincadeiras de salão, perfeito para Rosamaria Murtinho, que encerra este livro.

Tania Carvalho

Agosto de 2004

1960
REVISTA DO GLOBO
N.º 760 — de 23 de janeiro a
5 de fevereiro de 1960 - Cr$ 15,00
TRIGÉSIMO PRIMEIRO ANIVERSÁRIO

Capítulo I

Um Resumo Simples de Si Mesma

Depois de certa idade – que não preciso dizer qual é – a gente começa a olhar o mundo de outra forma. A maturidade é uma MA-RA-VI-LHA! São tantos ganhos: aceitação, compreensão, distanciamento crítico. Nessa profissão em que vivo há tantos anos existem dois caminhos: ou se é simples ou ridícula. Eu optei pela simplicidade. Especialmente agora que artista virou celebridade – aliás, celebridade é a profissão do século 21 – e é fotografado onde quer que esteja, é preciso ser simples até para rir de si mesma. Pegar uma foto e brincar com os próprios defeitos: ih, esqueci de encolher a barriga. Olhar uma cena e perceber quanto foi canastrona. Franzir bem a testa para mostrar que não colocou botox. (O Cassiano Gabus Mendes dizia que a testa é tão importante pra atriz, que até uma grande franja atrapalhava).

Simplicidade não quer dizer humildade. Ser humildezinha é uma forma de pretensão, uma forma de ganhar a confiança do outro. Simplicidade é ser você mesma, sempre, em todos os momentos da vida. Eu já sou, pela minha profissão, tantas pessoas que não são como eu, que não posso abrir mão de ser a Rosamaria, quando tenho possibilidade. Só assim posso achar divertida a vida, brincar com ela e não me achar a pessoa mais importante do mundo só porque apareço na televisão e nas revistas. E como tem gente que se acha! Tem gente que é menos, ganha menos, tem menos talento do que eu, mas tem uma pose!

Nunca me considerei acima de ninguém. Nunca, nunca! E também nunca invejei ninguém. Engraçado, agradeço a Deus porque ele me deu essa profissão, que não procurei, fui procurada, não corri atrás, aconteceu, que trabalha com o ego – o ego é muito forte nos atores – e não me deu um pingo de inveja de colega. Que felicidade não ser invejosa. Você sabe por quê? Porque se tem uma atriz mais talentosa do que eu, tem uma menos talentosa. Se tem uma mais bonita do que eu, tem uma mais feia.

Se tem uma que tem mais fama do que eu, tem uma menos famosa. Se tem uma que ganha mais, tem uma que ganha menos. Se tem uma que tem melhores papéis, tem outra que tem menos papéis que eu. Posso constatar o que aconteceu comigo, saber que perdi muitas coisas, mas não posso ficar com inveja. Não, não mesmo, porque a inveja é uma coisa muito perniciosa para a alma. E dá rugas.

Não acho que seja uma atriz com verdadeira vocação. Não estou falando de talento! Acho que talvez pudesse ter batalhado e alcançado mais, mas havia algo tão importante quanto a minha carreira, em alguns momentos muito mais, que era a minha família – meu marido Mauro Mendonça e meus filhos Mauro, Rodrigo e João Paulo. Graças a Deus! Eu tinha filho em casa para tomar conta, levar para a aula de *jiu-jitsu*, curso de inglês, ver se fez o dever. Não dava para botar salto alto o dia inteiro. Uma sandalinha rasteira já estava bom demais. As duas vidas correram paralelas. Não fiquei dividida, porque quando você fica dividida, você tem que optar. Se você opta, alguma hora você vai cobrar e eu nunca tive essa preocupação. Talvez essa vida familiar tenha me tirado, quando tinha uma boa idade, a oportunidade de ser uma estrela que o sucesso que eu havia tido nas novelas prenunciava, mas talvez tenha me salvado no sentido humano.

Eu vim de São Paulo para o Rio de Janeiro e a Globo era tão poderosa que mesmo fazendo papel de coadjuvante aparecia. Então, com coisas em casa para fazer, família para cuidar, não fiquei pensando: *Poxa, eu não estou estrelando? Em* Primeiro Amor *era estrela, por que agora não?*. Não passou pela cabeça. Aí eu fui diminuindo, diminuindo... Até virar a amiga da amiga da protagonista. E, agora, com essa idade, não tenho mais papel. Ninguém vai dizer isso para mim: *Escrevi uma avó maravilhosa para você.* E se houver uma avó maravilhosa não vão convidar a mim. Talvez me lastime um pouco por não ter batalhado por mais tempo, mas com certeza sou uma melhor pessoa do que seria se permanecesse sempre no estrelato, ah, isso eu sou!

Eu não queria que tivessem tirado o meu lugar, mas não batalhei para permanecer no primeiro papel nunca. Não que não tenha brigado, e das minhas lutas não me arrependo, é muito difícil pisarem no Escorpião e ele não pegar o rabo e jogar o veneno em cima, principalmente na época que eu não era analisada. Com certeza, porém, não fui sagaz o suficiente para perceber várias vezes o que estavam tramando nas minhas costas. Em outras, acho que fui sincera demais, disse na cara das pessoas o que estava achando. O que importa? O trabalho é parte importante da minha vida, mas não é a minha vida. Sou uma pessoa feliz porque não coloco expectativas fora de mim: se eu ganhar dinheiro... Se eu fizer determinado papel... Se eu ganhar tal prêmio. Claro que fico contente quando estou fazendo sucesso, mas ele não é a única coisa que importa. Eu construí a minha vida com outros objetos de prazer que não só o trabalho. Então, na maturidade, com a idade, isso foi bom demais. Felicidade é algo interno, dentro da gente. Simples.

Quando não consigo algumas coisas, fico apenas triste, não fico magoada. Se alcanço coisas boas, não fico arrogante. Há quem vá dizer: *É mágoa. Na Globo só fez um papel de protagonista, e depois...* Deixa falar. Tenho certeza que sou absolutamente sincera comigo mesma e com os outros. Já me disseram que sou filha de Xangô e descobri que a verdade para mim é o mais importante de tudo, talvez por isso, quem sabe. Quando dou uma entrevista prefiro falar com o coração, eventualmente pedir desculpas e não responder sobre determinado assunto a dizer uma mentira.

Acho que este meu jeito de encarar a vida me aproximou bastante da Isaurinha Garcia, uma pessoa simples que só queria ser feliz. E vivê-la no palco em *Personalíssima* foi uma das melhores experiências da minha carreira e da minha vida. O que posso querer mais? Depois de tantos anos consegui duas coisas fundamentais para um artista: emocionar e surpreender o meu público. Quem imaginaria que eu, uma garota de Ipanema, pudesse viver uma cantora com

sotaque do Brás. Tenho certeza que muita gente comentou: *Meu Deus, a Rosamaria Murtinho cantando?!?!?!* Pois é, para isso passei todas as noites, durante um ano, bem antes de os ensaios começarem, ouvindo-a todos os dias. Depois, seguindo o conselho da Bibi Ferreira, gravei todos os dias as minhas apresentações, para depois ouvir e descobrir em que podia melhorar. Não sou cantora, comecei muito tarde nos musicais, mas tenho certeza que me saí bem e hoje canto melhor do que ontem. E me orgulho disso. E fico triste – triste não é a palavra, fico puta mesmo – por não ter sido indicada para nenhum prêmio pelo meu trabalho em *Personalíssima.*

Não precisava ganhá-lo, mas somente a indicação deixaria marcado para sempre que em 2003 eu havia feito a Isaurinha, um trabalho que encantou as pessoas. E não fui indicada para o Prêmio Shell por um entrave burocrático – o que me irrita mais ainda: a peça não havia feito vinte apresentações no Rio em sua temporada de estreia. Acho o cúmulo que um trabalho como o meu, que o público reconheceu, não tenha sido indicado. A mídia também não deu muita bola, porque é subserviente ao sucesso e só reconhece as coisas depois de um longo tempo, depois que o público as transformou em êxito. *Personalíssima* não teve tempo: no Rio de Janeiro ficou seis semanas em um teatro, cinco em outro, três em outro. Em São Paulo foi a mesma coisa, a montagem esteve em dois teatros. A política dos teatros do governo estabelece uma temporada de um mês. Os teatros particulares são muito caros, especialmente para uma montagem como a nossa com 15 atores, quatro músicos e muita gente na parte técnica. *Personalíssima* não fez uma carreira como merecia e o público queria. Desse jeito pingadinho, entrecortado, conseguiu ficar um ano em cartaz, contando com as apresentações em outras cidades do Brasil. Mas não foi indicado. Agora eles mudaram as regras, o espetáculo pode ficar uma semana em cartaz e concorrer aos prêmios. Para mim, chegou tarde demais esta mudança.

Insisto, não fiquei magoada, fiquei puta. Quem pode ficar magoada – um sentimento que permanece a vida inteira – vendo aquele público aplaudindo a cada canção, ovacionando no final, me agradecendo pela emoção? Normalmente a gente recebe flores dos colegas na estreia. Eu recebi flores ao longo da temporada, um dia depois de atores como Pedro Paulo Rangel, Jorge Fernando, Flávia Alessandra terem assistido ao espetáculo. É lindo! Não era cortesia, formalidade, mas reflexo da emoção que sentiram.

A mídia insiste que não existe memória e que é necessária uma nova forma de fazer musical. Pois bem, *Personalíssima* era tudo isso: a opereta, a burleta carioca e também o resgate da história desta artista maravilhosa que foi Isaurinha

Garcia. Aliás, repito as palavras de uma crítica paulista que disse tudo isso. Se a mídia ignorou em reportagens a crítica falou muito bem do espetáculo, é preciso que se diga. Mas a vida não é sempre como a gente quer. E vou seguir em frente, sempre. Simples assim!

Com o elenco, em Personalíssima

Capítulo II

De Bailarina a Atriz

Meu pai, Frederico, era engenheiro agrônomo e foi trabalhar no Pará, no Instituto Agronômico do Norte, que era dirigido pelo meu avô. Conheceu minha mãe, Maria do Carmo, se apaixonaram, ficaram noivos e se casaram. Ele era carioca, da família Murtinho, tradicional do Rio de Janeiro. Ela, da família Pinheiro, importante em Belém. Meu bisavô materno era seringalista, saiu do Maranhão e fez fortuna no Pará, no auge do esplendor da borracha. Minha avó foi criada em Belém e na Europa, comprava roupas na França. Minha mãe não pegou essa época. Quando eles se casaram vieram para o Rio, mas minha mãe foi a Belém para o nascimento do meu irmão Carlos e para o meu. Sou, assim, nascida em Belém do Pará, e criada no Rio, em Ipanema, na Visconde de Pirajá.

Nossa... que saudade que tenho da praia em frente à Rua Montenegro (que se chama Vinícius

de Moraes há alguns anos), com água tão clarinha que se via o esmalte das unhas do pé! Na década de 1950 eu já usava biquíni, ia para a praia com uma barraquinha quadrada e as colunas sociais noticiavam. Os colunistas adoravam a minha barraquinha quadrada! Eu era, digamos assim, frequentadora da sociedade, pois vim de uma família bem-nascida. Fui até *patronesse* da festa da Glamour Girl. Debutante todo mundo podia ser, mas *patronesse* era um pouco diferente. As moças da sociedade eram escolhidas e apresentadas na festa da Glamour Girl, evento muito alinhado no Copacabana Palace, organizado pela *Revista Rio*. Engraçado lembrar de tudo isso!

Belém, porém, também faz parte de mim, embora só tenha voltado lá com três anos de idade e depois já adulta, casada, para a inauguração de uma televisão. Digamos que desta vez é que realmente conheci a minha terra, vi o Círio de Nazaré. Até então, o Pará era uma lembrança das conversas de minha avó com a minha mãe, as comidas gostosas que elas faziam. Aliás, não é favor algum gostar da culinária paraense, porque é a melhor do Brasil, absolutamente índia, pato no tucupi, jambu, que dá um baratinho na língua, ai, que maravilha! Quando me apresentei pela primeira vez no Teatro da Paz foi uma emoção indescritível. Quando acabou a peça, tive uma crise de choro, pois me lembrei de todas as histórias que minha avó contava sobre ele, os espetáculos que tinha visto lá e só pensava em como ela ficaria orgulhosa se estivesse viva em me ver naquele local. Digamos que o Rio de Janeiro e o Pará estão dentro de mim e guardo-os com imenso carinho.

Quando era pequena, queria ser bailarina. Estudei muitos anos de balé com Pierre Klimoff, Tatiana Leskova e Eduardo Sucena, mas tive uma lesão no menisco, não operei e precisei parar. (Com certeza, porém, este aprendizado deixou um fruto: sou absolutamente *caxias*, tenho uma disciplina de caserna).

Ao lado, no Rio, em 1949

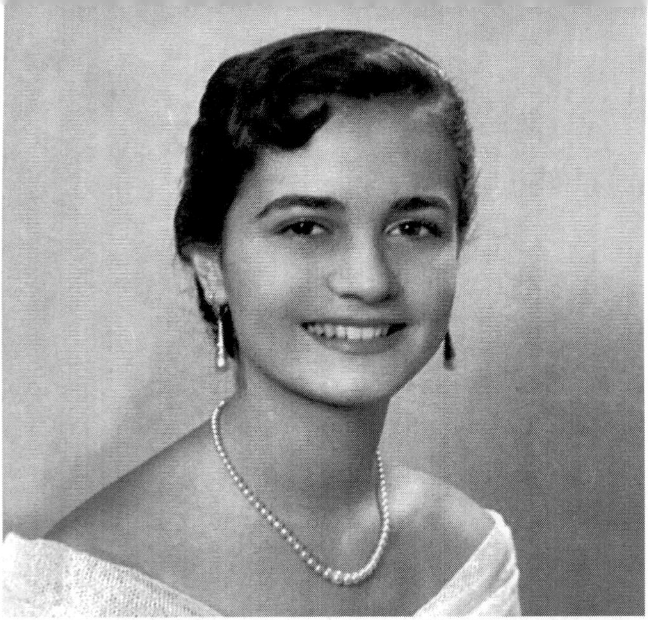

Morei um ano nos Estados Unidos (até hoje me arrependo de não ter feito um curso no Actor´s Studio), acabei o clássico lá, e, quando voltei, em 1953, encontrei o Studio 53 em grande atividade. O que era o Studio 53? Um grupo amador, dirigido por meu irmão Carlos Murtinho e por Telcy Peres, e do qual faziam parte Beatriz Veiga, Liliane Lacerda de Menezes, Helena Furtado, Virgínia Valli, Zaide Hassel, Eugênio Agostini, Otávio Lins, Telmo Martino, Paulo Francis e Marta Otávia. O Ivan Lessa também aparecia por lá, namorava uma das meninas do grupo. O Studio 53 se apresentava no Teatro de Bolso, em Ipanema, na Rua Jangadeiros, onde hoje existe um restaurante. Como destruíram teatros ao longo dos anos: a Praça Tiradentes era um verdadeiro West End londrino, uma Broadway. Hoje teatro virou estacionamento. Não era getulista, mas o teatro deve muito a ele, que instituiu que se pusessem um teatro abaixo, precisaria construir outro. Pena que isso não funcione mais.

Ao lado, no Rio, entre 1949 e 1951

Querida vovi
Aqui vai um sorriso de
sua neta.
Rita Maria
14-7-51

De vez em quando eu ia assistir às peças do grupo, mas não tinha a menor vontade de estar lá. Vejo histórias de atrizes que declaram que desde pequenininhas sabiam o que queriam. Até babo. Que coisa maravilhosa ter uma vocação assim!

Comecei a fazer teatro porque uma moça, uma das atrizes, teve anemia. E o Paulo Francis falou assim: *Ô Murtinho, não tem ninguém, bota a tua irmã mesmo!* Entrei no grupo para fazer *Propriedade Condenada,* de Tennessee Williams, que o Paulo era um dos diretores, mas os direitos eram tão altos que inviabilizou a montagem. O grupo montou outra peça: *O Caso do Chapéu*, de Francisco Pereira da Silva. Paulo Francis acabou na bilheteria (a gente fazia de tudo, o Ivan Lessa de vez em quando ficava na portaria).

Estreei no dia 21 de setembro de 1953, e me liguei para sempre ao grupo. Já na estreia fiz sucesso e acabei indicada com a Fernanda Montenegro para revelação do ano – viu como ser indicada é bom? Fica o registro. Não ganhei, ganhou a filha do Oscarito (Miriam Teresa).

Com Carlos Murtinho, em Propriedade Condenada

Com Liliane Lacerda de Menezes, Telmo Martino, Telcy Peres, Otávio Lires, Helena Furtado e Carlos Murtinho, em O Caso do Chapéu

Devo a minha entrada no teatro ao meu irmão. Nós nos dávamos bem, embora brigássemos demais. Ele era de Escorpião também. O Carlos era extremamente inteligente. Uma pessoa que estudou na França, dirigiu uma peça em Paris, trabalhou com o Berliner Ensemble na Alemanha, montou *Nossa Cidade*, do Thornton Wilder, em Porto Alegre, que revolucionou o teatro de lá. Paulo José, Antonio Abujamra e outros atores devem a ele. O Fausto Wolf me chamou um dia e disse assim: *Nós todos devemos muito ao seu*

irmão. Ele foi injustiçado, porque toda a nossa geração apareceu por causa do grande sucesso de Nossa Cidade. *Nós viemos todos de lá.* Infelizmente ele começou a beber. Quando largou – ficou dez anos sem beber – decidiu retornar à carreira, embora não tenha sido muito ajudado. *Le passé est passé*. Fumava quatro maços de cigarro por dia e um dia descobriu que estava com um enfisema e câncer de pulmão, morrendo com 70 anos.

Ele era um excelente diretor e acho que por influência dele jamais aproveitei um sucesso

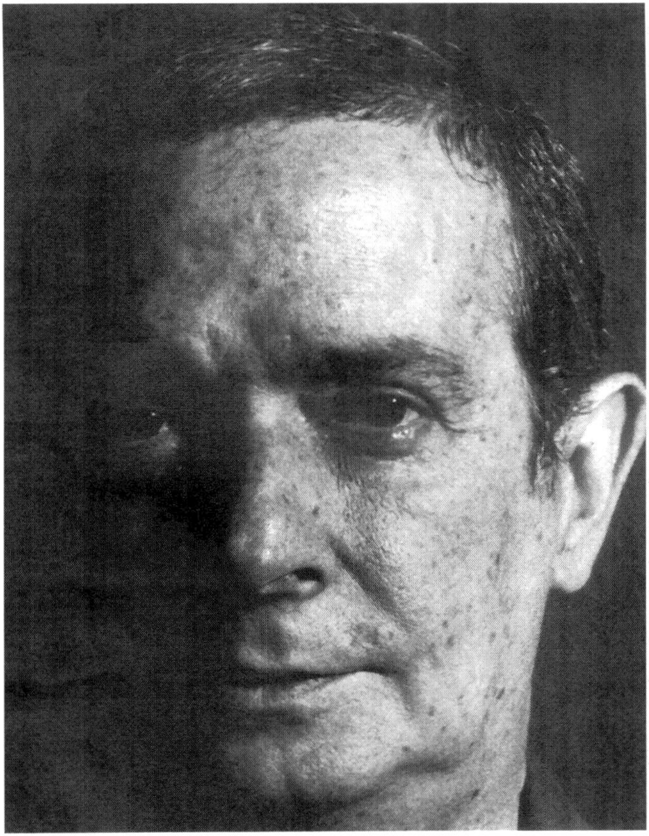

de novela para fazer uma peça digestiva para ganhar dinheiro. Ele me ensinou muito e, como não tive outros professores, aprendi também na cara e na coragem, observando, escutando os bons diretores e lendo tudo que caía em minhas mãos. Parece que falo demais, porque falo, mas eu observo mais do que as pessoas pensam.

Outro dia li uma coisa interessante no jornal que dizia assim: *desconfie das mulheres distraídas, porque são as que mais observam*. Então parece que não estou sabendo, mas estou observando. O observar as pessoas é interessante, me dá subsídio para fazer o papel e para mim como pessoa.

Sou espectadora dos meus colegas, vejo novela e vou ao teatro. Não finjo que não estou vendo uma novela de sucesso só para não ter que elogiar o colega. No livro do Michael Caine, *Acting in Film*, livrinho pequenininho que comprei em Los Angeles, superinteressante, entre outras coisas ele diz assim: *Veja sempre o trabalho dos colegas, você aprende vendo. Veja o que é bom, o que é ruim, e pode até copiar, porque você nunca vai ser igual. Será sempre a sua visão.* Eu me obrigo a ler três jornais por dia para ficar bem informada. E isso é fundamental porque participo de um programa semanal de debates, na Rádio Catedral do Rio de Janeiro, chamado *Vox Populi*, cujo âncora é o Sérgio Pereira da Silva.

Lá são discutidos todos os assuntos e preciso estar bem antenada com o que acontece no mundo. Além disso, o ator pode se fazer sozinho, mas informação é sempre bem-vinda e só acrescenta. Quero aprender sempre e enfrentar novos desafios. Se você diz que está realizada, coloca um ponto final. E não quero mesmo chegar ao final da minha trajetória.

Eu adorava Cacilda, Fernanda e Nathália. A primeira vez em que fui ao teatro vi Nathália Timberg em *Senhora dos Afogados*, do Nelson Rodrigues, peça dirigida pela Bibi Ferreira. Fiquei tão impressionada porque no final, metade da plateia batia palma e a outra metade vaiava. E o Nelson subia na cadeira e dizia: *Obrigado, obrigado! Podem vaiar! Podem aplaudir!*

Nossa, onde a minha lembrança me levou...

Hora de voltar para o Studio 53. Eu era uma moça de família, pode-se dizer. E a minha mãe me acompanhava ao teatro. A minha avó, às vezes, servia de camareira. Não que não tenha tido as minhas liberdades, mas era gostoso porque era mais ou menos escondido. A coisa escondida é ótima! A gente não beijava na boca no meio da rua, ficava atrás no cinema, atrás de coluna, dentro das portarias dos prédios... Era uma delícia porque era escondido. Com meus amigos do teatro ia de vez em quando ao Clube da Chave, no Posto 6, um lugar chiquérrimo. Minha mãe deixava, porque meu irmão estava junto e eu adorava. Jovem atriz, bem feitinha de corpo, andava sempre com um livro na mão. Olha que coisa mais cafona! Um dia, conheci o pintor Pan-

cetti, elogiei suas marinhas, ele pegou na minha mão e me pediu que eu passasse no ateliê dele porque queria me dar um quadro. Não fui. De matar, não? Vamos combinar que foi uma atitude cafajeste da minha parte. Sei lá porque não fui. Não fiquei com medo, não.

Ele não estava interessado em mim e nem me *cantou*. Além disso, sempre fui muito independente e jamais me interessei por homens comprometidos. Tinha muito homem solto dando sopa. Os casados podiam me *cantar*, porque sabia bem me livrar.

Nesse sentido era metida. Sabia sair das situações muito bem, nem que fosse perguntando: *Como vai a sua mulher? Seus filhos estão bem?* Era ótimo, porque isso os afastava.

A passagem para o teatro profissional foi também ao acaso. Aconteceu naturalmente. Silveira Sampaio gostou de mim, morria de rir com uma francesa que interpretava, e me convidou para fazer *Reginaldo, Costureiro*. Ou seja, dois meses depois de estrear no teatro amador eu já estava em uma montagem profissional, na Companhia de Silveira Sampaio, um dos mais importantes autores e homem de teatro da época.

Eu escolhi a profissão? Acho que foi ela que me escolheu. Ser atriz nunca foi uma coisa ansiada por mim. Foi indo e eu fui levando. Comecei a fazer sucesso, fui indicada para prêmios, pessoas bacanas e inteligentes como Millôr Fernandes, Leon Eliachar, Rubem Braga, Otto Lara Resende iam me ver e gostavam, até escreviam sobre mim. E assim fui deixando a vida me levar. *Vida leva eu*, como no samba de Zeca Pagodinho.

O STUDIO 53

apresenta

"HOMO COPACABANENSIS" de Antônio Callado

Virgínia	Renée Brown
Sancho	Telcy Perez
Catarina	Rosamaria Murtinho
Fifi	Rildo Gonçalves

"PALAVRAS TROCADAS" de Alfredo Mesquita

A espôsa	Anna Maria Magnus
A criada	Renée Brown
A amiga	Rosamaria Murtinho
O marido	Telcy Perez

"BONITO COMO UM DEUS" de Millôr Fernandes

Barman	Telcy Perez
Jornalista	Fernando Amaral
Boy	Carlos Murtinho
Flávia	Rosamaria Murtinho
Môça	Renée Brown

Direção : Carlos Murtinho.

Cenários e figurinos : Roberto Montenegro.

Contra-regra : Fernando Moreira.

Execução dos cenários : Wagner dos Santos.

Execução dos figurinos : Maria José e Aurora.

Capítulo III

Uma Carreira Coerente no Teatro

Outro dia, por causa deste livro, remexi nos meus guardados e encontrei algumas críticas da época da minha estreia: *com gestos muito precisos, olhar muito insinuante, charmoso e com os tempos precisos de comédia; o brotinho que está causando sensação; Rosamaria dá para o negócio; uma garota encantadora que valorizou enormemente todas as suas entradas; Rosamaria Murtinho pela graça e pela espontaneidade de sua interpretação ocupará um lugar de grande destaque no Teatro Brasileiro dentro de alguns anos*. Talvez o melhor resumo seja o que Silveira Sampaio escreveu: *A Garota do Arpoador que resolveu levar a brincadeira a sério*. Ou seja: fui bem recebida. Mas sair em revistas, jornais, nunca me deslumbrou. Eu já estava acostumada a ser citada, falada, só aumentou um pouco. Pode parecer pretensioso, mas a vida que tinha antes de ser atriz, os colégios que frequentei, as viagens que fiz, a minha família, deixaram em mim um comportamento normal que o sucesso não afetou.

Estreei no teatro profissional, em 1953, na peça *Reginaldo, Costureiro*, de Silveira Sampaio, que tinha no elenco o próprio Silveira Sampaio, Magalhães Graça, Nancy Wanderley, Wanda Oiticica, Sônia Correa, Raymundo Furtado. Ainda na Companhia de Silveira Sampaio participei dos elencos de *Deu Freud Contra, Da Necessidade de Ser Polígamo, Flagrantes do Rio, Sua Excelência em 26 Poses*, de Silveira Sampaio, e *Virtude e Circunstância*, de Clô Prado, todas em 1954.

Em 1955, fiz *Um Homem Magro Entra em Cena*. Comecei a ganhar um dinheirinho, sim. Como eu não me mantinha, era moça, morava com meus pais, era muito bom o que recebia. Mas para sobreviver de teatro naquela época só sendo um grande nome.

Foto do programa de Um Homem Magro Entra em Cena

E, como já disse, a vida foi me levando. Em 1956, o Sandro Polônio me viu na Companhia do Silveira Sampaio e me levou para a Companhia de Maria Della Costa, o Teatro Popular de Arte. Nela fiz *Moral em Concordata, A Rosa Tatuada* e *O Canto da Cotovia*, tendo viajado em dezembro para uma temporada de seis meses em Portugal, no Teatro Apolo de Lisboa e no Sá de Bandeira, no Porto. Participavam da Companhia Jardel Filho, Diana Morel, Benjamin Cattan, Serafim Gonzalez, Carmem Silva. Eu adorei esta oportunidade de passar um tempo em Portugal. Minha mãe foi junto, claro!

Era garota e tudo era uma festa. Lisboa era – e continua – linda. A Avenida da Liberdade, o Chiado, a Mouraria, o Castelo São Jorge, as casas de fado e a voz de Amália Rodrigues, a delicadeza do povo português. Tudo isso me encantou.

Elenco do TPA no Teatro Apolo, Lisboa, réveillon 1956/57

Moral em
Concordata

Odette Lara

Rosamaria Murtinho

Cont. da pág. 7

ABILIO PEREIRA DE ALMEIDA

uma sacudidela nessas consciências adormecidas, acomodadas sob uma cortina de fumaça que só um vendaval poderia desfazer.

Em Moral e Concordata argumento por absurdo. Provo, por a + b que, sendo dado o ambiente em que vivemos, duas irmãs igualmente bonitas e pobres, a deshonesta leva mais vantagem que a honesta, ou melhor, tudo corre em favor da deshonesta e nada agasalha ou socorre a outra, a quem só nos resta chamar de coitada — (ou de idióta!)

Na minha peça, desenvolvida as premissas, no primeiro e segundo ato, se impõe, lógica e irremissivel, no terceiro áto, a conclusão, certamente por todos esperada e que o desfecho apresenta.

Então, Moral em Concordata aparece como o elogio, o apanagio da prostituição.

Ai está, pois, o absurdo. E o erro, o sofisma, onde está? Respondam, porque é muito fácil.

Se a peça se apresentar, no seu "ridendo castigat mores" como incomodativa àqueles que se deliciam neste regimem de ""camoufflage", então divertir-me-ei bastante, porque contra essa brutal e inelutável realidade do "Bezerro de ouro", só nos resta a "blague", o riso e a ironia. O contrário seria investir contra os moinhos de vento.

Dr. Abilio Pereira de Almeida

TEATRO POPULAR DE ARTE

APRESENTA

ROSA TATUADA

1 Prólogo e 3 Actos de TENNESSEE WILLIAMS
(Tradução de R. MAGALHÃES JÚNIOR)

Produção SANDRO — Direcção FLAMINIO BOLLINI CERRI

ESPECTÁCULO PARA ADULTOS — PARA MAIORES DE 17 ANOS

DISTRIBUIÇÃO POR ORDEM DE ENTRADA EM CENA:

Vivi (Crianças)	N. N.
Bruno (Crianças)	N. N.
Salvatore (Crianças)	N. N.
Serafina delle Rose	MARIA DELLA COSTA
Assunta «la fattucchiera»	ILLEMA DE CASTRO
Estelle Hoengarten	DIANA MORELLI
Pader di Leo	EDMUNDO LOPES
Pepina	C. SILVA
Conceta	MARIA MONTANARI
Guiseppina	HELENA SANTINI
Violeta	MARIA LISIA
Rosa	ROSAMARIA
Bessie	JOSELITA ALVARENGA
Flora	CARMEN SILVA
Jack Hunter	SERAFIM GONZALEZ
O Camelot	BENJAMIM CATTAN
Álvaro Mangiacavallo	JARDEL FILHO

Cenário: JOÃO MARIA DOS SANTOS • Assistente da Direcção: MÁRCIO
Figurinos: MAGARY COSTA • Execução guarda-roupa: HELENA SANTINI
Montagem: JOSÉ BARROS • Electricista: ADELINO CARVALHO

A acção da peça é uma aldeia siciliana no Golfo do México.
Entre o prólogo e o primeiro acto há um intervalo de três anos.

Elenco TPA em Lisboa (em pé, à esquerda): Jardel Filho, Serafim Gonzalez, Rosamaria, Carmem Silva, D. Maria (mãe de Sandro), Rubens Teixeira, não identificada, Joaquim Guimarães, Diana Morel, Benjamim Cattan, Sandro. Sentados: Maria Della Costa e o rei Umberto da Itália.
Abaixo, com Edmundo Lopes, em Moral e Concordata

Como a Rainha (acima) e com o elenco de O Canto da Cotovia *(Lisboa, 1957)*

No ano seguinte, fui para o TBC, do mesmo jeitinho. O Abílio Pereira de Almeida, que era um dos autores do grupo, me viu e me convidou para fazer *Rua São Luiz, 27, 8º Andar,* ao lado de Fernanda Montenegro, Nathália Timberg, Elizabeth Henreid, Raul Cortez (acho que foi a estreia dele), Sérgio Britto, Mauro Mendonça, Fernando Torres, Ítalo Rossi. Na verdade, a Carminha Brandão quebrou o pé e o Abílio lembrou de mim. Não posso dizer que fui muito considerada no grupo. Era tudo intelectual demais e eu era uma garota de Ipanema que queria namorar. Fui meio passada para trás no TBC e também a minha ambição era pequena. Às vezes havia uma personagem boa e pensavam em mim e em outra atriz. Quando optavam por ela, eu nem dizia assim: *Ah, que pena, estava louca para fazer o papel.* Deixava passar. Uma vez uma pessoa influente no grupo – que hoje em dia não faz absolutamente nada – me rejeitou para um papel, porque queria alguém com mais curvas, mais peito, mais anca, mais nova, mais alguma coisa que eu. Como se para viver uma personagem sensual precisasse disso!

De verdade eu não era pessoa de grupinho, de contar intimidades no camarim. Então, essa falta de fofoca me deixava um pouco à parte. Não sei se é um defeito ou uma sorte ser assim. Definitivamente não gosto de ti-ti-ti, de falar da minha vida pessoal, de revelar a minha intimidade, de falar da vida em família, das brigas que tive com meu marido. Não fui educada pra dizer para os outros o que acontece na minha casa. E isso afasta as pessoas. Jamais criei em volta de mim um grupo que me protegesse. Às vezes, as pessoas até inventam histórias tristes para serem aceitas em um grupo, não é mesmo? Definitivamente, nunca fui assim, e talvez por isso não tenha feito um contrato longo com o TBC. Eles não se interessaram em ficar comigo e fiz somente mais uma peça no grupo: *Dama de Copas*, também do Abílio Pereira de Almeida, em 1958. Foi no TBC que conheci Mauro e começamos a namorar e logo depois nos casamos. Este é um ótimo motivo para eu ter uma boa lembrança do TBC, apesar dele não ter me querido mais depois da segunda peça, também do Abílio.

Mas houve quem me quisesse. Neste mesmo ano voltei para o Rio e para o Studio 53, a companhia amadora em que iniciara – agora profissional – para a montagem de um espetáculo com três peças curtas: *Homo Copacabanensis*, de Antonio Callado, *Palavras Trocadas*, de Alfredo Mesquita, e *Bonito como um Deus*, de Millôr Fernandes, com direção de Carlos Murtinho e no elenco Anna Maria Magnus, Renée Brown, Fernando Amaral e Telcy Perez. Em seguida, estreei *Exposição 1935*, de Maria Inês Barros de Almeida, com o grupo em novo espaço – Teatro da União dos Operários de Jesus. No ano de 1959, ainda lá, estreamos mais um espetáculo com três peças curtas: *Antoinette* ou *A Volta do Marquês*, de Tristan Bernard, *Pura Ilusão*, de Maria Luiz do Amaral Peixoto, e *As Gaivotas*, de Millôr Fernandes. No elenco estavam Leila Jorge, Maria Esmeralda, Zaide Hassel, Carlos Imperial, Yan Michalski, com direção de Carlos Murtinho. Ainda em 1959, *A Colina das Sete Minas*, de Nathan Shalam. Além de interpretar eu era uma das cabeças do grupo, com meu irmão Carlos e Telcy Perez.

Acima, com Rildo Gonçalves em Homo Copacabanensis, *e abaixo em* Bonito como um Deus

Com Ana Maria Magnus e Camila Amado, em Exposição, 1935

A revista *Visão* publicou uma reportagem na qual estava escrito que eu *Era a mais bela e jovem empresária do Brasil*. Fiquei prosa!

O convite para entrar no Oficina foi um grande momento da minha vida no teatro. Posso dizer, sem medo, que a única vez em que tive um grupo foi lá. José Celso, Eugênio Kusnet, Renato Borghi, Célia Helena, Raul Cortez, Miriam Mehler foram as pessoas que me deram a seriedade de que precisava. O que havia aprendido com meu irmão Carlos Murtinho – muito estudo, trabalho e o interesse pelo ser humano – foi elevado à enésima potência no Oficina. Foi lá que descobri Stanislávski e enlouqueci. Foi lá que vi a trilogia sobre a vida de Gorki, em russo, com o Kusnet traduzindo. Foi lá que vi pela primeira vez *laboratório*, improvisação. Era o máximo: eu, a garota de Ipanema, que usava biquíni, entrei de cabeça em todo esse mergulho intelectual. Dizem que quem é de Escorpião ama mais a procura do que a realização. Buscar a personagem, descobrir quem ela é, sua vida pregressa, as pessoas que gravitavam em torno dele, de certa forma para mim é melhor do que me apresentar, me exibir. No Oficina, tinha a oportunidade de buscar. Era uma novidade: *Então, teatro é isso? Não é só decorar? Ser dirigido? Entrar em cena? Existe um espaço para pensar, para aprender.* Foi no Oficina que realmente comecei a me interessar por teatro. A amar o teatro. Acho que fiquei nesta profissão por causa do Oficina.

Estreei em *A Engrenagem*, do Sartre. Ele veio para o Brasil com a Simone de Beauvoir para ver e disse que a peça se passava em um país imaginário, que bem poderia ser o Brasil. Até hoje, guardo uma foto que fiz com eles. Depois, participei da montagem de *Quatro num Quarto*, de Valentim Kataiev, com direção de Maurice Vaneau. Eram dois casais: Miriam Mehler e Renato Borghi; eu e Ronaldo Daniel (que hoje vive em Londres, dirigindo na Royal Shakespeare Company). Foi um sucesso enorme. O José Celso entrava no camarim dançando *twist* para dizer que estávamos lotados na primeira e na segunda sessão. Nós fomos substituídos no elenco, quando começamos a ensaiar *Pequenos Burgueses* e o

Zé Celso não queria nos cansar, mas precisamos voltar, porque a bilheteria havia caído muito. Não vou nem dizer o nome das pessoas que substituíram a gente porque são conhecidas hoje em dia. Tivemos que voltar para os papéis porque o público não estava gostando do elenco novo. Isso não existe, nunca aconteceu no teatro.

Com Renato Borghi, Miriam Mehler e Ronaldo Daniel, em Quatro num Quarto

Pequenos Burgueses foi, sem dúvida, um momento fundamental da minha carreira. E a Ítala Nandi teve a audácia de escrever em seu livro que foi ela quem criou a personagem. Que eu havia ficado doente e o Augusto Boal a havia colocado no elenco. Meu Deus! Ainda inventou uma doença para mim. Mentira! Ela era secretária do Oficina e substituiu a Joselita Alvarenga, que havia substituído a Liana Duval, que foi a minha substituta. Ou seja, ela foi a quarta pessoa a fazer a personagem. Elena Nikolaievna foi criada por mim. Quem conhece a história do Oficina sabe disso. E, é claro, não gostei desta usurpação. Dizem que a mulher de Gêmeos quando vai contar uma história sempre inventa como gostaria que fosse – isso eu li, não sei se é verdade. Marilyn Monroe, por exemplo, colocou na cabeça que era filha do Clark Gable e não existem dois livros sobre ela que sejam iguais, porque ela sempre inventava, vai ver que aconteceu isso com a Ítala. Fui ao lançamento e quase caí dura pra trás quando li; interpelei-a na hora. É muito ruim quando roubam a sua própria história...

Cenas de Pequenos Burgueses

Com Raul Cortez, Célia Helena e Renato Borghi

Com Célia Helena e Moema Brum

Com Renato Borghi e Cláudio Marzo

Com Eugênio Kusnet, em Pequenos Burgueses

Ainda bem que existem provas, como o livro *Pequenos Burgueses*, publicado pela Brasiliense, em 1965, com a relação completa do elenco da montagem do Oficina, com as substitutas em parênteses. Meu nome consta da relação. Assim, é bom que não fica palavra contra palavra.

Talvez as pessoas achem estranho ao lerem que o grupo em que mais gostei de trabalhar foi o Oficina. A minha imagem, na verdade, é diferente do que realmente sou. O estereótipo que criaram de mim – a mulher fina, elegante – seria mais condizente com o TBC, claro! Mas insisto, no Oficina encontrei a minha turma. Só não fiquei com eles porque recebi um convite do Boni para ir para a Excelsior e entrei na roda-viva da televisão.

Penso que o público e a mídia acham que sou uma atriz de televisão. Gente de teatro sabe que sou do meio e vive me dizendo que sou uma batalhadora. Eu gosto dos dois e posso dizer que sou um bicho de teatro, embora não tenha aquela paixão pelo palco.

Tenho paixão por um bom papel, uma ótima personagem. E por isso posso ir e vir nos dois veículos. Estou bem no palco e na tela se tenho um bom papel para interpretar. Isso me move mesmo. Sem paixão não dá para trabalhar.

Durante anos me dediquei mais à televisão, mas jamais abandonei o palco. São muitos os espetáculos dos quais me orgulho: *Intensa Magia*, da Maria Adelaide Amaral, em que vivia uma mulher submissa, dominada pelo marido e era um esforço muito grande interpretá-la.

Em cena de Intensa Magia

Sou Escorpião, autoritária, até estou melhor com a idade e a análise, e era difícil falar uma coisa e abaixar a cabeça. A peça me ensinou muito, e a chave para entender a personagem encontrei em uma entrevista da Zélia Gattai, quando ela respondeu que a receita da felicidade de seu casamento de tantos anos com Jorge Amado era simples: nunca dizer uma coisa de que pudesse se arrepender depois. Usei isso em *Intensa Magia*. É incrível o que a gente aprende com nossos personagens.

A Infidelidade ao Alcance de Todos me deu muito prazer! Foi um grande sucesso, comecei a ganhar dinheiro, as pessoas viram o trabalho e na plateia estava todo mundo de São Paulo, até o Chico Buarque, que ainda não tinha estourado, mas já era um artista maravilhoso. Era uma cooperativa. Eu fazia a mulher do Procópio Ferreira e o Francisco Cuoco era meu amante. A Glória Menezes era a mulher do Rodolfo Mayer e amante do Altair Lima. Uma delícia! Era dirigida pelo Walter Avancini na montagem de São Paulo.

MAURO MENDONÇA & ROSAMARIA MURTINHO

em

Intensa Magia

de Maria Adelaide Amar

direção
SILNEI SIQUEIRA

Prêmio Shell
Melhor Ator
MAURO MENDONÇA

Em fotos da primeira e da segunda montagem de
A Infidelidade ao Alcance de Todos

A Infidelidade..., *elenco da primeira montagem: Francisco Cuoco, Rodolfo Mayer, Rosamaria, Procópio Ferreira, Glória Menezes e Altair Lima. Abaixo, elenco da segunda montagem: Lutero Luiz, Tessy Callado, Ronaldo Resedá, Rosamaria, Otávio Augusto e Lady Francisco*

A gente ia fazer essa peça também no Rio, mas o Guarnieri, que iria dirigir, deu pra trás. Veio o Jô Soares para ser nosso diretor e nos convenceu a fazer *A Feira do Adultério*, que, apesar do nome, não era simplesmente um espetáculo digestivo. Eram várias peças e todos os autores eram premiados: Bráulio Pedroso, Paulo Pontes, Armando Costa, João Bethencourt, Ziraldo e Jô Soares. Então trocamos. Eu fiquei até um pouco arrependida depois, porque acho que não foi uma coisa correta com o Lauro César Muniz, mas acho que me redimi ao produzir e fazer uma outra peça dele, que amei: *Direita, Volver*, com o Mauro (Mendonça), Débora Duarte, Felipe Wagner, Ana Maria Nascimento, Waldyr Seviatti e Adagoberto Arruda, com direção de Roberto Frota.

A frase de propaganda da peça dizia: *Vamos explodir de rir e libertar as palavras presas na garganta*. E era isso mesmo que o público fazia. E mais do que isso eu acreditava firmemente nas palavras de Marina, a minha personagem: *Lutar contra o fascismo na Itália e assumir o poder através da mesma ideologia. Onde está a coerência?*

Feira do Adultério, *com Fúlvio Stefanini, Jô Soares, Arlete Sales e Osmar Prado*

Feira do Adultério, *com Fúlvio Stefanini, Osmar Prado, Mauro Mendonça e Jô Soares*

Vamos explodir de rir e libertar todas as palavras presas na garganta!...
ROSAMARIA MURTINHO
DÉBORA DUARTE
MAURO MENDONÇA
DIREITA, VOLVER!
comédia de
LAURO CÉSAR MUNIZ
direção de
ROBERTO FROTA
com Waldyr Seviotti • Adagoberto Arruda
Participação Especial: Felipe Wagner e Ana Maria Nascimento
TEATRO VANUCCI

Direita, Volver!, *com Ana Maria Nascimento Silva, Mauro Mendonça, Priscila Camargo, Elcio Romar e Adagoberto Arruda*

Guardo até hoje um bilhetinho da Hilda Hilst: *Rosamaria, obrigada por ter me compreendido*, da época em que eu e meu irmão montamos *Aves da Noite*. São essas coisas que marcam a minha carreira e surgem assim, na minha memória de forma não cronológica, meio atabalhoada. Folheando os programas que guardo até hoje, sinto orgulho do que fiz: *Tiro ao Alvo*, comédia

Tiro ao Alvo, *com Sérgio Mamberti*

de costumes de Flavio Marcio, ao lado de Sérgio Mamberti com direção de Pedro Camargo; *Aracelli*, belo texto de Marcílio Moraes, com direção do meu irmão Carlos Murtinho, que optou por *manter o tom do documentário em detrimento do teatral e evitar o pieguismo* – como escreveu no programa. Era um espetáculo forte e violentamente verdadeiro este que fiz junto com Denny Perrier, José Augusto Branco, Marco Antonio Palmeira, Mario Jorge e Cláudia Martins. *A Fila*, de Israel Horowitz, também dirigida pelo meu irmão, com Rui Rezende e Ary Coslov; *O Preço*, de Arthur Miller, ao lado do Mauro, do Jayme Barcellos e Miguel Rosemberg; *Marido, Matriz & Filial*, de Sérgio Jockyman, com direção de Antonio Ghigonetto. Dividi o palco com Guilherme Corrêa e Silvana Lopes. Sobre este espetáculo, o Sábato Magaldi escreveu: *A novidade de* Marido, Matriz & Filial *em relação ao triângulo amoroso é que dá ao problema um tratamento pirandelliano.* Era realmente uma comédia divertidíssima.

E vamos seguindo neste caminho de recordações. Nossa, quanta coisa escondida nesses programas! *Lisístrata*, de Aristófanes, com tradução de Millôr Fernandes, com direção de Maurice Vaneau, um elenco enorme que tinha Lélia Abramo, Dorothy Leiner, Elizabeth Hartmann, Cláudio Mamberti. Eu entrei substituindo a Ruth Escobar no papel principal. *Guerras de Alecrim*, de Antônio José, *O Judeu*, direção de Milton Barcarelli, e *O Tempo e os Conways*, de J. B Priestley, dirigida por Alberto

Com o elenco de A Fila

Acima, em O Preço

Abaixo, em Marido, Matriz & Filial, *com Silvana Lopes* e *Guilherme Corrêa*

O elenco de Lisístrata

D´Aversa, ambas com a Companhia de Nydia Licia; *Mulheres do Crepúsculo*, de Sylvia Rayman, direção de Haydée Bittencourt, com a Companhia Brasileira de Comédia, do Rubens de Falco e da Dália Palma.

Além de atriz, sou também produtora de muitos espetáculos. Com o fim das grandes companhias, quem produz são os atores mesmo. Se você não produzir, não vai trabalhar. Quem produz, faz pra si. Eu produzo já há alguns anos.

Em cena de Mulheres do Crepúsculo

E nem sempre fiz para mim. Uma das primeiras coisas que produzi foi *Blue Jeans*, a primeira direção do Wolf Maia. Foi tão engraçado! O Mauro estava fazendo *Jornada de um Longo Dia pra Dentro da Noite*, com Wolf Maia, que deu uma peça para ele ler. A gente tinha o Teatro Senac na mão. E o Wolf propôs que nós produzíssemos. Eu virei para o Mauro e disse: *Não tem papel pra você, não tem papel pra mim. Por que a gente vai produzir isso?* Ele calmamente respondeu: *É bom porque a gente precisa descansar.*

E produzimos a primeira direção do Wolf Maya, que foi arrasadora. E começamos a nossa carreira da MEA Produções Artísticas.

Dizem que os últimos trabalhos são os de que os atores mais gostam. Não sei dizer se isso é verdade, pois sou ligada a tudo o que fiz, daquela maneira tranquila que já falei. Sem dúvida, porém, foi muito gratificante participar de *Letti & Lotte*, texto de Peter Shaffer, com direção de Bibi Ferreira, em que eu dividi o palco com aquela que me inspirou sempre no teatro:

Com Nathália Timberg, em Letti & Lotte

Nathália Timberg; de *A Partilha*, de Miguel Falabella; *Ô Abre-Alas*, de Maria Adelaide Amaral, baseado em livro de Edinha Diniz, sobre a vida de Chiquinha Gonzaga, com direção de Charles Möeller e direção musical de Cláudio Botelho. Hoje, os dois são endeusados, mas na época a crítica meteu o pau, dizendo que não fazia o menor sentido montar Broadway no Brasil. Éramos 22 atores em cena, 21 eram cantores e a crítica teve tanta má vontade que disse que a única pessoa que cantava era eu, a única que não era cantora. Outro dia o Cláudio falou para mim:

Com Stella Freitas, Lúcia Alves e Cláudia Netto, A Partilha

A gente não vai mais trabalhar junto?, e respondi: *Agora vocês estão caros, antes eram baratos.* As críticas foram cruéis com eles. Para você ver o que é a vida, não é? Agora eles são o máximo.

Meu trabalho mais recente e mais querido, é *Personalíssima*, que teve boas críticas, mas certo desprezo da mídia, que não soube avaliar a importância que era este resgate de uma importante cantora brasileira. Houve quem dissesse que era um espetáculo pobre, eu insisto que é um espetáculo musical verdadeiramente brasileiro, herdeiro da mais antiga tradição teatral. É a história de uma mulher com umas músicas que ela cantou. Viver Isaurinha Garcia foi uma lição de vida, já disse e repito. Saí enriquecida como pessoa e como artista desta experiência.

Quando me perguntam como reajo às críticas, digo sempre que faço o meu trabalho e pronto. Os outros que digam o que quiserem. Não vou negar, porém, que quando a crítica fala bem, adoro. Sou humana e atriz. E todos são assim, mesmo os que dizem que nem ligam para a crítica. Sou de uma época, no entanto, que os críticos eram Sábato Magaldi, Décio de Almeida Prado, Yan Michalsky que apontavam o que estava errado na opinião deles, mas jamais destruíam um espetáculo. Com o que eles diziam dava até para fazer um *workshop*, trabalhar em cima. Nunca fui duramente criticada, digamos que tive sorte, pelo contrário, fui sempre incentivada a fazer maiores voos, sempre disseram que estava pronta para novos desafios. Mas em matéria de crítica acho que a melhor forma era a praticada na China comunista, onde não existiam críticos, mas sim comentaristas. Porque a crítica é antidialética. Não se pode colocar um ponto-final em uma obra que é aberta e que muda a cada dia. Em televisão e cinema, tudo bem, o que foi feito está lá registrado, implacável. Teatro não, é arte em movimento. Eu, por exemplo, só consigo acertar o ponto exato da personagem quando já estou há uns quinze dias em cartaz. Nos Estados Unidos, as companhias fazem diversos espetáculos em outras cidades até chegarem à Broadway e serem criticados. Aqui no primeiro dia a crítica está lá, implacável, sem dar tempo para o ator se aprimorar.

Tenho orgulho da minha carreira. Um dia a Laura Cardoso – que atriz! – me disse que eu devia me orgulhar da minha trajetória no teatro: *Você sempre foi muito coerente, sempre fez coisas que fossem de qualidade.* E olhando tudo isso que fiz, sou tentada a concordar com ela. Acho que tive, tenho e terei uma carreira coerente nos palcos. Nunca procurei demais, as coisas sempre vieram para mim. Nunca corri atrás, recebi um convite atrás do outro. Não me lembro de ter feito um teste, nada disso. Eu posso estar contando como uma vantagem, mas não é, é uma desvantagem porque perdi muita coisa. A minha carreira foi andando paralela à minha vida de felicidade com marido, filhos crescendo... Não deu pra ficar pensando muito só no trabalho. O que acho que foi uma sorte. Não me deu aquela vontade de ter aquele sucesso absoluto. Sucesso absoluto é uma coisa perigosa para um ator. Ele fica pretensioso, quer dar uma entrevista coletiva a cada mês e se isso não acontece, começa a se sentir frustrado. E isso, infelizmente, acontece com todos os atores que não têm formação sólida e enlouquecem com o sucesso fácil que normalmente a televisão proporciona. Dou sempre este conselho para os iniciantes, e disse isso inclusive em uma aula inaugural da Casa de Artes Laranjeiras, a CAL: *Cuidado com o sucesso e com o fracasso, porque os dois sempre chegam e são terríveis.*

Posso ter esquecido alguma coisa, não me lembro do passado, e não gosto de falar sobre mim e a minha carreira. É tão chato falar de si mesma! Tenho muito medo de parecer pretensiosa. E pretensão é pernicioso ou para a cabeça e para a carreira da pessoa. E não quero ser mal interpretada, porque a minha vida inteira eu fui mal interpretada... Tenho medo de dizer uma coisa e as pessoas pensarem que aconteceu o oposto. Por isso mesmo me cerquei dos documentos sobre a minha carreira. Hoje em dia, mais do que nunca, a minha busca é pela simplicidade e pela honestidade. Assim como a Isaurinha, que morreu sem ter sido esquecida pelos fãs, porque sempre foi honesta com seu público. Se você tem simplicidade, você sabe até das suas potencialidades, porque tem uma coisa chamada consciência. Não tem coisa melhor no mundo do que você ser consciente. Quem é metida, arrogante, pretensiosa e passa uma imagem que é uma maravilha, alto-astral, tudo isso, que no fundo não é, pode até ser melhor de marketing, mas tem um trabalho... Eu preciso ser sempre eu, de verdade.

A única coisa que faço questão de mentir é sobre a minha idade. Adoro! Podem colocar o que quiserem, mas da minha boca jamais sairá. Minha mãe não pintava o cabelo, nunca fez plástica, mas morreu aos 89 anos sem jamais dizer a idade. Sigo o exemplo dela. É uma das vaidades que tenho, e confesso. Aliás, é tudo uma questão de vaidade. A mulher que não diz a idade é porque acredita que parece mais nova do que realmente é. Vaidade! A que diz, em geral, é porque parece mais velha e faz questão de alardear para que todos saibam que é mais nova. O que não deixa de ser vaidade também. Fico com Oscar Wilde, que escreveu que a mulher que diz a idade é capaz de qualquer vilania. Prefiro achar que uma atriz não tem idade. Pode ser uma velha ou uma jovem no palco. Uma louca ou uma deusa. Essa é uma das grandes magias do teatro...

Como anciã, no livro do maquiador Erik Rzepecki

Capítulo IV

O Estouro na Televisão

Quem me levou para a televisão foi o publicitário e diretor Alfredo Souto de Almeida, que me apresentou ao Victor Berbara. Estreei fazendo o *Teatro de Comédias Piraquê*, em 1954, na TV Tupi, onde trabalhei ainda no *Teatro de Comédias* (1957) e *Câmera Um* (1958) e *Teatrinho Trol* (1959). Na TV Rio fiz parte do elenco do Teatro *Moinho de Ouro*; e na TV Excelsior do *Teatro Nove* (1960).

Teatro de Comédias Piraquê, *com Paulo Autran, Tônia Carrero e outros*

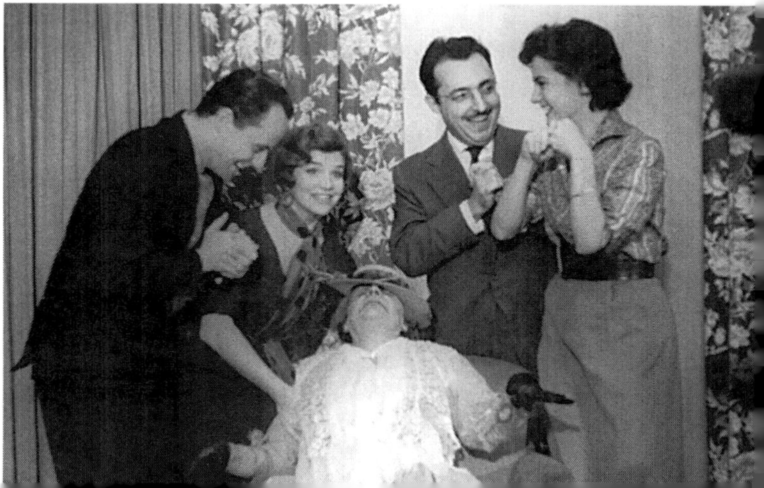

Teatro de Comédia *(TV Tupi, 1958), com Marilu Bueno e Joyce de Oliveira*

Mas foi em 1963 que fiz realmente uma opção pela televisão. Eu estava no Oficina quando recebi um convite do Boni para assinar um contrato de três anos com a TV Excelsior. Ele tinha acabado de assumir a emissora e fez uma revolução lá dentro. Mandei um telegrama para o Mauro, que estava na Bahia filmando *Seara Vermelha*, do Jorge Amado, dizendo:

Câmera Um *(TV Tupi, 1958), A Morte do Agiota, com Álvaro Aguiar*

Fomos convidados a assinar um contrato nos nossos termos. A resposta dele foi: *Aceita.*

Aceitei e comecei a fazer o *Teatro 63*, que tinha muita gente boa – Walter George Durst, Álvaro de Moya – fazendo coisas ótimas. Lá se desenvolvia uma dramaturgia nacional, se falava da nossa cultura, dos nossos problemas políticos e sociais. Depois esta mesma preocupação foi para o horário nobre com as novelas, e o Boni é o responsável por tudo isso, por esta nova maneira de fazer televisão. Na época, muita gente boa foi para a TV Excelsior, que fazia publicidade em imensos *outdoors* com a foto dos atores e o texto: *Eu também estou na Excelsior*.

É, eu estava lá em 1964, quando fui convidada a fazer a minha primeira novela: *A Moça que Veio de Longe*. Até hoje é o meu maior sucesso. Que engraçado, a moça elegante e fina de Ipanema foi realmente estourar vivendo uma empregada doméstica! Assim como muitas outras coisas da minha carreira, o papel veio para mim. Nem precisei batalhar.

A *Moça que Veio de Longe* foi um sucesso estrondoso. O Rodrigo era pequenininho e eu o levava para as gravações, pois ainda o amamentava. Um dia um diretor comentou: *Coitada, quem foi que escalou a Rosinha para esta novela com um filho tão pequenininho.* Ainda bem que me escalaram. Eu fazia uma empregada que se apaixonava pelo patrão, a eterna história

Com Helio Souto, em A Moça que Veio de Longe

da Cinderela que sempre faz sucesso (veja *Uma Linda Mulher* com a Julia Roberts e o Richard Gere!). As pessoas enlouqueceram. Como estava muito envolvida com o trabalho e com o filho pequeno, demorei a me dar conta. Um dia fui ao supermercado comprar fraldas para o Rodrigo e não consegui sair. Tiveram que chamar a polícia e fui escoltada. Foi aí que tive a dimensão do que estava acontecendo. Encontrei com a Lolita Rodrigues que me perguntou se já estava recebendo muitas cartas. *Cartas?* Resolvi passar na Excelsior e tinha uma montanha de correspondência para mim, fui obrigada a contratar uma secretária somente para responder a todas, mandando foto e tudo mais. O elenco foi para Santos, teve mais gente para ver os atores do que no comício do Luiz Carlos Prestes. Eu fiquei no Hotel Atlântico, na esquina do Gonzaga e dava adeusinho assim feito a rainha Elisabeth. E o pessoal gritando: *beija, beija!* No cinema Astória, no Rio, também foi uma loucura, parou o trânsito. Meu Deus do Céu, foi um estouro da boiada! Pode não ter sido o primeiro sucesso da televisão, mas com certeza foi o mais estrondoso na época. Até hoje sou lembrada por *A Moça que Veio de Longe* e isso não me incomoda nem um pouco! Acho um barato!

A partir daí fiz muita coisa boa, na Excelsior e na Tupi: *A Inimiga*, do Geraldo Vietri, em que fazia uma cantora da noite. Eu achava muito difícil dublar as músicas. Como dizia a Clarice Lispector: *A vida é feita de inspiração e respiração*. Então, era complicado saber o momento certo da respiração, o jeito que a cantora respirava para falar determinada frase musical. O Manuel Baremboim, que era produtor musical e trabalhava na TV Tupi (ele logo depois foi o produtor do disco *Tropicália*, que lançou Gil, Caetano, Gal e o movimento tropicalista), me levou para gravar um compacto, com arranjos maravilhosos do Chiquinho Moraes. Eu cantava *Tristeza/por favor, vá embora/ Minha alma que chora/ Está vendo o meu fim...* Uma delícia. Mas como estava desenvolvendo minha carreira como atriz, era contratada da TV Tupi, não podia caitituar, visitar as rádios e não vendeu muito. Só no Ceará, porque fui fazer uma apresentação na televisão, cantei e vendeu para burro lá. Isso foi há quase quarenta anos. Há pouco menos de um ano o Ed Motta mandou um recado para mim pelo meu filho João Paulo, que é músico: *Fala para a sua mãe que o disco dela está vendendo na internet, lá em Londres, por 190 libras.* Eles pegam, fazem um remix, colocam nas boates. E eu não recebo nada.

Fiz a primeira novela do Benedito Ruy Barbosa, *O Anjo e o Vagabundo*; *Somos Todos Irmãos; Paixão Proibida*, todas com o Sérgio Cardoso. Aliás, fui a atriz que mais trabalhou com o Sérgio Cardoso na televisão. Nós nos dávamos superbem. Quando ele chegava no estúdio, a primeira coisa que fazia era beijar a minha mão, ele era muito carinhoso. Além disso, era cuidadoso na hora de gravar, tudo era precário, e ele se preocupava sempre, por exemplo, de não tapar a minha luz. Se isso acontecia, ele gentilmente me descobria, me colocava em outra posição, para que eu permanecesse iluminada.

"SOMOS TODOS IRMÃOS"

Uma novela
COLGATE-PALMOLIVE

Um colega genial, além de todo o talento, como ator, que tinha, aquelas mãos expressivas, a voz, a expressão corporal.

Não acho que uma química seja fundamental para fazer um par na televisão. Sou uma atriz, faço da freira à prostituta, e não posso ficar esperando pela química. Já dei beijo em gente que não gostava. Sem dúvida, porém, fica mais gostoso, quando se gosta da pessoa.

Em cenas com Sérgio Cardoso

Foi assim com Sérgio Cardoso e com muitos outros. Eu adorei trabalhar com o Fúlvio Stefanini, grande companheiro de comédia; com o Cláudio Cavalcanti em *Pai Herói*; foi ótimo em *Salsa e Merengue* estar em cena com o Walmor Chagas e o José Wilker; adorei contracenar com Antônio Fagundes em *Nina* (nós dois ganhamos naquele ano o prêmio da APCA) e gostaria muito de repetir. Recentemente contracenei com dois atores jovens em *Chocolate com Pimenta* e foi excepcional: Alexandre Barilari e Rodrigo Faro.

Em Salsa e Merengue

Em Chocolate com Pimenta

O sucesso que fazia em São Paulo, tanto nas novelas da Excelsior quanto da Tupi, e a química que existia entre o Sérgio e mim, valeram-me uma proposta da TV Globo. Em 1972, fui convidada para protagonizar *O Primeiro Amor*, de Walter Negrão, e me mudei com a família inteira para o Rio de Janeiro. No meio da novela, o autor quis colocar uma outra atriz, que não vou dizer o nome porque isso já se passou há tanto tempo, para fazer par com Sérgio. Comecei a ler notinhas nos jornais, minha personagem, que era uma mulher bacana, começou a ficar meio chatinha e percebi que realmente estava sendo passada para trás.

Em O Primeiro Amor

Em O Primeiro Amor, *com Herivelto Martins Filho e Rosana Garcia (acima) e com Marco Nanini (abaixo)*

Não podia aceitar isso, era desonesto, afinal tinha sido convidada para uma coisa e não queria que dissessem que eu não tinha competência e por isso outra atriz entrara no meu lugar. Como já disse, pisar no meu pé eu não aceito não! Fui lá reclamar com o Boni, o Daniel Filho me defendeu, e isso não esqueço. Aliás, não esqueço quem faz alguma coisa pra mim, tanto de bom quanto de mau. Com a idade consigo até compreender quando a coisa é má. Por exemplo, eu compreendi esse autor e essa atriz, mas na hora não aceitei. E tudo ficou como estava previsto no começo e havia sido combinado comigo. Ele não gostou, claro, porque foi obrigado a entregar na Globo uma sinopse da entrada da nova personagem.

Assim como no teatro, fui prejudicada por não ter grupinhos. Hoje em dia, é comum na televisão o ator fazer parte do grupo de determinado ator ou diretor. Quando começam a escalar a novela, já se sabe quem estará. Eu sou independente, avulsa e totalmente avessa ao marketing pessoal. Não sei fazer política.

Digo o que penso e quase sempre sou mal compreendida. Já me indispus com vários atores e diretores, talvez por ter falado demais, por defender as minhas ideias ou ser mal-entendida. Quando estava fazendo *Corpo Dourado*, dei uma entrevista em que dizia estar triste com a saída do Lima Duarte da novela porque eu tinha ficado sem par. No dia seguinte, abro o jornal e o título era: *Rosamaria Murtinho insatisfeita com a novela*. Fiquei furiosa, reclamei com a repórter por causa do título capcioso – ela me jurou que havia sido a editora – que me prejudicou na Globo. Antônio Calmon, autor da novela, nunca mais falou comigo.

Em Corpo Dourado

Com o Wolf Maya também tive problemas. Eu adorei fazer *Salsa e Merengue*, do Miguel Falabella e da Maria Carmem Barbosa, mas a minha personagem era uma mulher que era abandonada pelo marido, interpretado pelo Walmor Chagas, que a trocava por uma mulher muito mais nova. Aliás, isso acontece todo dia. Os homens querem se sentir mais jovens, deixam a mulher de anos, casam com as mais novinhas e têm filhos até. Queria demais que ela passasse uma imagem bacana para as mulheres que estavam nessa situação. Na novela, porém, ela namorou o José Wilker, mas acabou sozinha. Não gostei, porque no momento estava separada do Mauro e queria dizer para as mulheres que existia vida fora do casamento e que não havia necessidade de acabar em casa. A personagem acabou em casa. E me aborreci muito por isso. Acho que o Wolf jamais me perdoou, não sei bem, somos amigos, frequento as suas festas, mas ele não me escala para as novelas que dirige, talvez pensando que vou reclamar. Ele não sabe que mudei muito. Além do mais, não adiantou nada eu reclamar, adiantou? Não fez diferença alguma, a história não se modificou, enfim, é uma bobagem o que nos separa.

Em *Pecado Capital* tive uma briga chata com o Daniel Filho. Eu demorei a entrar no estúdio, porque a camareira não havia feito a bainha na minha roupa, e ele começou a berrar, eu chorei. Um horror! E ficou uma coisa malparada entre a gente. Eu estava na versão de *Roque Santeiro*, que foi proibida, e ele, por exemplo, não me chamou para o elenco da segunda versão. Acho que implicou. Também não fui ao lançamento do seu livro, só de implicância.

Em Pecado Capital, *com Zanoni Ferrite*

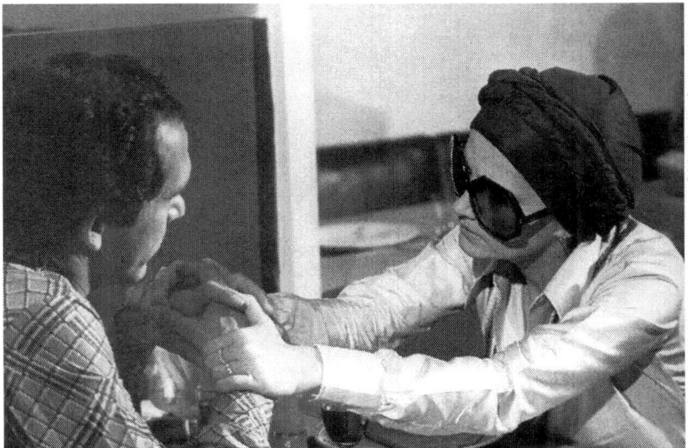

Parece verdadeiro quando dizem que o Escorpião não precisa de inimigos, ele é o pior inimigo de si mesmo. Talvez eu devesse ter feito mais política. Talvez eu devesse ter falado menos. Mas o que posso fazer se sou pateta? Eu acho que a transparência é a única forma de você chegar no espelho, escovar seus dentes numa boa, sem ficar com vergonha de si mesma. Acho que agora estou aprendendo um pouquinho a ser mais política, a fazer o jogo, e até me divirto com isso. Continuo, porém, sem grupinhos, com

poucos, mas fiéis, amigos. Nunca fiz questão de ser a favorita do bairro. E jamais usei a humildade para ser aceita. Quem gosta de mim, gosta mesmo, porque conhece meu caráter, quem eu sou e nunca deixa de gostar de mim. Quem não gosta, paciência.

Tenho certeza que esse meu jeito de ser pode ter me prejudicado muito. Certos papéis que poderia ter feito, não batalhei. Esperei ser convidada. É o natural de uma pessoa, não digo carreirista, isso eu nunca seria, mas uma pessoa que está batalhando por sua carreira agir assim.

Correr atrás, mas eu vivia em uma roda-viva com a minha família, cuidando da casa, do marido e dos filhos e jamais tive tempo de administrar a minha carreira. Minha ambição talvez não tenha sido tão grande. Foi por isso que de grande estrela da Excelsior, da Tupi e da Globo – afinal fui chamada para isso! – passei a ser coadjuvante. Mesmo assim continuei a fazer sucesso, e talvez nem tenha percebido que havia passado de protagonista a amiga da personagem principal.

Não posso negar que fiz trabalhos maravilhosos. Logo depois de *O Primeiro Amor* eu tinha que sair de férias na Globo e me chamaram para fazer *Carinhoso*, novela do Lauro César Muniz, de quem já havia feito peças de teatro. Era um papel maravilhoso, embora não fosse a protagonista, e fez um sucesso danado. Uma vez, o Chacrinha perguntou no ar para o editor de várias revistas sobre TV: *Quem vende mais revista atualmente?* Ele disse: *Rosamaria Murtinho e Fulvio Stefanini.* A gente saía em todas as capas, mas o casal principal tinha que aparecer e o Lauro César foi obrigado a

Em Carinhoso

casar a gente, aí a nossa história e a torcida do público diminuíram. Hoje em dia, isso não aconteceria. Se um casal que não é formado pelos protagonistas está fazendo sucesso, a TV explora. Em *Nina,* eu era a antagonista e ganhei o prêmio de melhor atriz do ano. Em *Pecado Capital*, eu era a mulher do Carlão. A Janete Clair escreveu um final maravilhoso para ela, mas o Daniel fez outro da cabeça dele. Tive que entender, porque diretor faz isso mesmo e tem direito, mas que a personagem ficou diminuída no último capítulo, ah, isso ficou. Da Janete, fiz também a Valquíria de *Pai Herói*, uma esquizofrênica, o que me obrigou a uma pesquisa intensa, fui a dois hospitais, um de gente com dinheiro e outro do Estado, que atendia carentes, e ficava observando pessoas que não pareciam ter nada, absolutamente coerentes, mas que só estavam estáveis por causa dos medicamentos. Recebi muitas cartas de esquizofrênicos quando estava fazendo a novela, mas uma me comoveu especialmente. Era de uma mãe que dizia: *Nossa filha é esquizofrênica. Ela sabe quando vem a crise, avisa e nós lhe damos remédio. Ela agora voltou a estudar e tem namorado. Graças à sua Valquíria. Rosamaria, a vida inteira nós vamos ser agradecidos a você.* Eu tenho essa carta até hoje e tenho muito orgulho de ter conseguido passar uma mensagem tão bacana quanto essa. Anos depois, quis mostrar para as mulheres separadas, que era meu caso também, que havia vida após a separação e não fui entendida. Engraçado, né?

As novelas do Sílvio de Abreu foram um marco na minha carreira, porque comecei a fazer comédia na televisão, a colocar o meu lado moleque nas personagens. Adorei fazer *Jogo da Vida* e *Cambalacho*. Deixei de fazer *Saçaricando*, nunca soube bem o porquê. Dizem que ela havia escrito um papel para mim, que protagonizaria ao lado da Irene Ravache e da Eva Wilma, mas não sei por quais influências acabou com a Tônia Carrero. Não foi bom para mim, acho que foi uma grande derrocada. E dizem, à boca pequena, que ele ficou bem arrependido.

Em Jogo da Vida, *com Mauro Mendonça e Carlos Vereza*

Em Cambalacho

Mas benfeito! Escreveu para mim e deu para outra! Anos depois, em *A Próxima Vítima*, o Sílvio foi muito honesto, me ligou, perguntou se eu estava vendo a novela e me disse: *Escrevi um papel para a Fernanda Montenegro, ela não pode fazer, você topa?* Claro que topei, especialmente quando ele me garantiu que era uma boa personagem. E era mesmo. E foi um sucesso danado. As mulheres adoraram. O homem pode dar tudo para a mulher: joia,

Em A Próxima Vítima

apartamento, carro, viagem. A mulher paga um jantar e sempre vai haver alguém pra dizer que ela está pagando o homem. Romana Ferreto dizia assim: *Eu gosto de dinheiro, porque paga tudo, até amor verdadeiro.* Olha que cinismo! Entrei na novela com o Alexandre Borges, que era o meu amante, mas ela dizia que era filho adotivo, só para irritar as irmãs. Um luxo! Na semana seguinte, o Jorge Fernando chegou no estúdio e na frente de todo mundo avisou que a novela havia subido de audiência depois da entrada de Romana. Outro dia, vi na *Revista da*

TV, do jornal *O Globo,* uma reportagem sobre gente que aumenta a audiência de novela e não lembraram disso. Isso me chateia pra burro, porque é a minha história.

Fiquei muito mal na Globo quando não entrei no elenco de *Saçaricando*. Certamente ficaria bem se tivesse feito junto com Irene Ravache e Eva Wilma. Olha a posição delas atualmente. Não tenho problema de dizer. Na verdade, aquilo foi uma coisa que me derrubou na Globo. Aí a Manchete me convidou e fui para lá fazer *Kananga do Japão*, em que vivia Josephine, uma francesa divertidíssima. Eu havia aprendido com meu irmão como falar tal qual uma francesa, que não é simplesmente carregar nos *erres*, mas tentar encontrar a musicalidade da língua. A própria colônia francesa reconheceu o meu trabalho e muita gente nem acreditava que eu fosse brasileira. Depois entrei em *Pantanal* e nela existe uma das cenas de que mais me orgulho de ter feito. Foi dirigida pelo Carlos Magalhães e minha personagem, Zuleica, chorava a morte do filho. Até hoje me arrepio só de pensar.

O Arthur da Távola escreveu uma crônica linda! Outra cena que considero primorosa foi dirigida pelo Daniel Filho em *Pecado Capital*. Nossa, como gosto dele como diretor, apesar das nossas brigas. Cheguei para gravar e ele me propôs gravar uma vez só, uma cena em que eu, na prisão, conversava com Mário Lago. Daniel mandou que me tirassem a maquiagem, despenteassem o meu cabelo e me colocassem uma roupa bem feia. Entrei no estúdio e ele brigou: *Eu não falei que não queria a Rosamaria elegante?*. O figurinista respondeu de pronto: *Eu botei uma calça e uma blusa bobas, mas o que posso fazer se ela veste bem.* Depois que eles se entenderam gravamos a cena, de prima, com uma emoção que jamais vou esquecer.

Eu aprendi no TBC – sempre o teatro ensinando... – que é bom trabalhar com muitos diretores, porque se pode assimilar o melhor de cada um deles. No TBC havia uma fila querendo trabalhar com a Cacilda Becker e tenho certeza que ela aprendia um pouco com cada um.

Sigo o seu exemplo. Gostei de trabalhar com o Wolf Maya, apesar do nosso mal-entendido; amo o Jorge Fernando, que tem um pique excepcional e é muito, muito mesmo, amoroso. Recentemente, tive a oportunidade de trabalhar com o José Alvarenga. Ele dirige ator, sabe o que quer, não é estressado. Isso sem falar do meu filho Mauro Mendonça Filho, que adoro trabalhar, embora só tenha feito duas coisas junto com ele.

Com o filho Mauro Mendonça Jr., na minissérie Memorial de Maria Moura

Maurinho tem uma forma especial de dirigir, se preocupa muito com o trabalho de ator e é extremamente coerente. Não abre mão de suas ideias, daquilo que pensa sobre o trabalho e para isso estuda antes à exaustão. Chega ao estúdio pronto, com tudo pensado, o que dá muita segurança para o ator. Nunca me senti intimidada em trabalhar com ele, pois estou na carreira há muito tempo e sou da geração que sempre acreditou que o diretor tem a última palavra. Eu respeito o diretor. A gente pode até brigar com ele, mas com todo o respeito. A última palavra, sendo filho ou não, é sempre do diretor.

Digamos que na televisão fiz bons e maus trabalhos. Trabalhei com diretores que amei; e com outros que nem tanto. Fui ingênua em não perceber, em alguns momentos, que estava sendo passada para trás. Tenho muito orgulho, porém, de dizer que conquistei o meu lugar através do trabalho. Não porque o meu marido era influente, não porque fui para cama com alguém, não porque namorei alguém que me deu alguma coisa, nem por ser amiguinha de autor ou diretor. Nada disso. A minha carreira foi feita com o meu trabalho. E é uma carreira sólida. Hoje os papéis são mais escassos, mas isso é natural. Um fenômeno mundial! As atrizes ficam mais velhas, e as mães estão cada vez mais novas. A tela tem um compromisso com a juventude e a beleza. No teatro a linguagem é mais libertária.

E, mais do que tudo, jamais pisei em alguém para subir. Gosto de colocar a cabeça no travesseiro e roncar até o dia seguinte.

Capítulo V

A Pequena Experiência no Cinema

Fiz dois filmes em que entrei muda e saí calada. Nem me lembro deles. Só sei que participei, porque estão no meu currículo. O primeiro filme de que participei do elenco foi uma coprodução entre Brasil e Alemanha chamada *Estrada da Vida*, de 1960, que está na lista daqueles que foram esquecidos. Depois, *O Vigilante Rodoviário*. Aconteceu uma coisa engraçadíssima. Estava no Oficina ensaiando e o José Celso me avisou que eu era candidata ao prêmio Saci de *melhor atriz de cinema*. *Mas como... se nunca fiz nada no cinema?* – queria saber. Só aí fiquei sabendo que haviam feito um filme para o cinema com os melhores episódios do seriado, produzido originalmente para a televisão. Fiquei conhecida na época como a atriz candidata ao prêmio que jamais havia feito um longa. O filme passou em um cinema da Rua Augusta e fui de lencinho na cabeça, óculos escuros e me sentei na última fila, bem escondida. Eu já havia visto muitos atores serem vaiados ao final dos filmes, quando eram apresentados, e precisavam sair de fininho pela porta dos fundos. Graças a Deus não aconteceu quando fui ver *O Vigilante Rodoviário*, mas bem que me preveni. Saiu uma crítica maravilhosa do Ignácio de Loyola Brandão em que ele dizia que eu me apresentava com naturalidade, falava bem e *era bonita, magra e elegante*. Olha que estava grávida de dois meses do João Paulo! Ele finalizava prevendo que eu teria uma longa carreira no cinema. Nunca mais fiz um filme. Consta do meu currículo *Uma Longa Noite de Prazer*, do qual eu não tenho a mais vaga recordação. Devo ter entrado de biquíni e muda. Um dia encontrei com o Ignácio de Loyola no avião, sentei do lado dele e disse que só não rogava uma praga nele, porque estávamos viajando juntos, mas depois que ele havia falado maravilhas de mim nunca mais havia sido convidada para nada.

O meu primeiro filme de verdade, considero *1º de Abril – Brasil*, dirigido pela Maria Letícia. Eu já havia feito com ela a peça da Leilah Assumpção que originou o filme – *Vejo um Vulto na*

Janela, me Acudam que Sou Donzela – e fui convidada para a produção. Quando fui fazer o filme, perguntei para Imara Reis como a gente se portava diante das câmeras, porque não fazia ideia. *Cuidado porque na tela grande, se abrir um pouquinho o olho, abre demais. Não é como televisão, nem como teatro. Você tome cuidado. Seja bem parcimoniosa com tudo*. E ganhei o Kikito de Ouro no Festival de Gramado de 1989. Devo um pouco à Imara, com certeza. Prêmio é bom porque é um incentivo para que o ator trabalhe com mais vontade e massageia o ego. Todo mundo falou maravilhas de mim. E nunca mais me convidaram para fazer nada. Fiz apenas uma participação afetiva no filme *Natal da Portela*, o que repeti recentemente em um filme de Renato Aragão.

Com Monah Delacy, em Vejo um Vulto...

Cenas de Vejo um Vulto..., *com Ciça Guimarães, Maria Letícia, Melise Maia, Dilma Lois* e *Ana de Fátima*

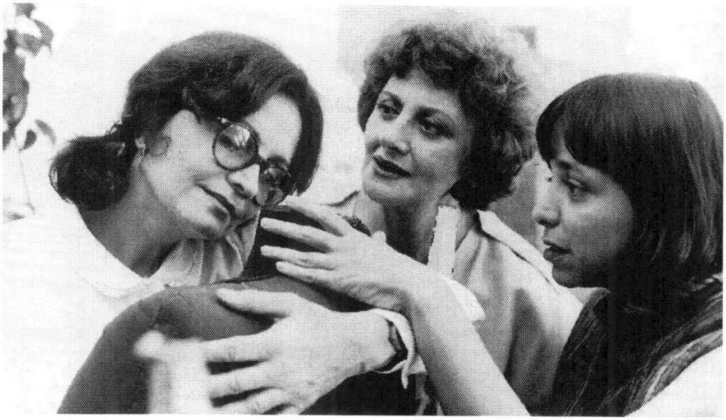

Com Ida Gomes e Maria Letícia em 1º de Abril – Brasil

Em cena de 1º de Abril – Brasil e*, abaixo, recebendo o Kikito de Melhor Atriz pelo filme*

Não é cheia de altos e baixos a minha vida no cinema? Neste ano fiquei especialmente triste porque gostaria muito de ter feito o filme *Querido Estranho*, baseado na peça *Intensa Magia*, de Maria Adelaide Amaral, que fiz não somente no Rio como em São Paulo. O Mauro ganhou o prêmio de melhor ator nas duas temporadas. Desde aquela época, falávamos de fazer o filme, queríamos levar a história para o cinema. Um dia, o Ricardo Pinto e Silva telefona para o nosso empresário, dizendo que ia dirigir o filme e mandou o texto para cá. Não era um roteiro de cinema, mas exatamente a peça da Maria Adelaide. Eu sabia muito bem, porque fiz o espetáculo durante um ano, mas tudo bem, nos garantiram que iria ser mudado. Ele queria o Mauro por quatro semanas seguidas e ele não podia, pois precisava fazer uma minissérie por três dias. O Ricardo foi categórico: *Se o Mauro não fizer, diz para a Rosamaria Murtinho que eu também não a quero.* Fiquei bastante humilhada. Achei uma falta de respeito de um diretor que está apenas começando – se fosse veterano não faria isso, tenho certeza.

Mandei dizer para ele que eu é que não queria fazer se o Mauro não fizesse. Bem desaforada mesmo! Não pude suportar a arrogância e o desconhecimento da minha história, da minha carreira, que jamais foi atrelada à do Mauro. O filme atrasou, nosso empresário comunicou que o Mauro já tinha as quatro semanas livres, mas ele respondeu que não ia mesmo fazer com a gente. Hoje, li no jornal sobre a estreia do filme e a mágoa voltou e não quero esconder que gostaria demais de ter participado deste projeto, que era meu também, e me senti muito desres-
peitada, até porque o patrocínio foi conseguido com nossos nomes encabeçando o elenco.

Fui também cortada do elenco de *O Menino Maluquinho, uma Aventura,* por uma bobagem, um mal-entendido. Participei da primeira reunião, dei a minha opinião sobre o roteiro – porque pediram – e fui mal-interpretada. A filha do Ziraldo, Fabrizia Pinto, que dirigia o filme, achou, talvez, que eu não estivesse muito interessada e quando cheguei em casa havia um recado dela dizendo que eu não estava mais no filme. A minha neta ficou desapontadíssima, porque estava adorando a ideia que eu seria a avó do Menino Maluquinho e já havia contado para todos os seus amiguinhos. No mesmo dia, recebi uma ligação do outro diretor do filme, me pedindo desculpas, gentilíssimo. Sabe quem era ele? Fernando Meirelles, hoje premiadíssimo com *Cidade de Deus*. Ele não sabe quanto a atitude dele foi importante para mim. Um dia vou encontrar com ele e dizer: *Você tem sucesso porque tem talento e porque é um ser humano excepcional.*

Minha maior vaidade é saber que trato as pessoas com consideração. E gosto que me tratem também. O cinema ainda está me devendo mais oportunidades.

Capítulo VI

Rosa Guerreira

Nos anos de chumbo participei de muitas passeatas, pois tínhamos um inimigo: a ditadura. Duas novelas de que participava, por exemplo, foram censuradas: *Despedida de Casado*, do Walter George Durst, e *Roque Santeiro*, de Dias Gomes. Jamais, porém, me filiei a partidos políticos ou subi em palanques. E digamos que, assim como a carreira, a minha atuação como sindicalista começou por acaso.

Com Cláudio Marzo, em Despedida de Casado

Em 1993, me convidaram para fazer uma chapa. O sindicato havia tido uma grande visibilidade na gestão do Otávio Augusto, quando aconteceu a regulamentação da profissão, mas estava em um momento em que as pessoas estavam confiando pouco e precisava uma mudança de estilo, de atuação. Quando recebi o convite, estava fazendo só teatro, os filhos já estavam criados, e achei que seria importante participar e fazer alguma coisa pela categoria.

Na minha opinião, as pessoas entram no sindicato em busca de um trampolim político. Funciona assim no Brasil inteiro. Era assim quando entrei e voltou a ser depois que saí. Aliás, me preocupa muito que o atual governo esteja cheio de sindicalistas, porque a metade deles é uma corja. Posso angariar muita antipatia por dizer isso, mas é a verdade.

Nos quatro anos que estive no sindicato jamais pensei em ter um ganho para mim, em criar uma imagem para depois concorrer a vereadora, por exemplo. Minha luta sempre foi a favor da categoria. Se você não tem um projeto político, não é safada, não quer fazer uma plataforma, não quer fazer um ganho, é preciso ter uma dose de idealismo enorme. E como cansa, porque em volta de você gravitam pessoas que têm objetivos totalmente diferentes do seu.

É um cotidiano barra-pesada em que você precisa fiscalizar tudo. Mais do que presidente, era um fiscal das contas de tudo. Se deixasse de ir um dia, acontecia uma confusão. Arrumei muitos inimigos, é claro, mas morro de rir com isso. Com meus colegas de profissão não tive problemas. Muita gente que brilha hoje teve a sua carteira assinada por mim. Enfrentei, porém, o medo e a covardia de alguns. Ator adora subir em palanque para defender os direitos do mestre soldador, do torneiro mecânico, do metalúrgico do ABC, mas se você organizar uma manifestação da categoria para exigir melhores condições, não aparece ninguém. Fiz um evento bonito no Hotel Glória, durante a minha gestão, para a criação de um código de ética para a categoria, com palestras do Geraldo

Carneiro, do Lula Vieira, entre tantos outros tão importantes quanto. Apareceram dez atores!

Ator tem um certo problema em ganhar dinheiro. Parece que são vítimas dele. Para eles é tão bom representar que nem precisa reivindicar alguma coisa com relação ao seu trabalho. Talvez por vaidade, acham que pega mal. Deixam para o sindicato a função de brigar, mas não comparecem às reuniões. Posso dizer isso porque enquanto fui presidente do sindicato, muito poucos atores de nome prestigiavam. Uma vez, um ator bem famoso me ligou reclamando que todos estavam trabalhando muito, ficando depois da hora. Conversei com o presidente do Sindicato dos Radialistas, a quem a produção na televisão é ligada e conseguiu-se que diminuíssem a carga horária. Ficou um caos, não conseguiam fechar os capítulos e esse mesmo ator me ligou pedindo para que eu interferisse, fizesse alguma coisa. Complicado, não?

Digamos que para os atores é mais fácil brigar pelos outros. E político adora artista, claro, porque sobe no palanque. O próprio PT, que está agora no poder, gosta de artistas, mas não gosta de arte. Querem mexer na Lei Rouanet, que foi muito bem-pensada e é baseada em um tripé inteligente, para que ninguém que faça arte deixe de ser aquinhoado, através do mecenato, do Ficart ou do Fundo Nacional de Cultura. A desculpa que o José Genoíno deu para os estudos de mudança da lei é que só os grupos teatrais do Sul ganham dinheiro. Se ele ou outra pessoa ligada ao governo se dessem ao trabalho de ler uma revista editada em São Paulo, chamada *Off*, saberiam que entre as 86 peças em cartaz na capital paulista, somente 34 são encabeçadas por atores conhecidos. Artistas menos conhecidos podem conseguir patrocínio e usar a lei do mecenato. E através do Fundo Nacional de Cultura, o boi de Parintins, a banda de pífanos de Caruaru, o grupo teatral do interior da Paraíba podem conseguir verba para os seus trabalhos. Mas o governo parece não saber disso. Nosso presidente está preocupado com outra coisa, com discursos, com a falta de heróis no País – alguém precisa falar com ele sobre Tiradentes, que lutou pela democracia e liberdade e que, sem ele, jamais um torneiro mecânico iria se tornar presidente.

Durante os quatro anos em que estive à frente do sindicato, pensei muitas vezes em jogar a toalha. Só pensei, porque estava absolutamente apaixonada pela ideia de fazer alguma coisa pela categoria. Eu sonhava com todos os atores se sindicalizando. Uma vez estava em Miami e vi uma filmagem. De repente parou tudo. Perguntei o porquê e me explicaram que o *sindicato havia mandado*. Eu babei... O Sindicato resolve e ninguém discute. Não consegui isso, claro, mas tivemos grandes ganhos: a lei do direito autoral foi sancionada na minha gestão e permitiu que os atores passassem a receber cada vez que a obra fosse exibida (anteriormente só os autores recebiam); conseguimos democratizar o *merchandising*, fazendo com que todos os atores envolvidos na cena recebessem e não somente o ator principal; asseguramos o cumprimento da jornada de trabalho; conquistamos o direito do ator envolvido em novelas fazer cinema ou teatro ao mesmo tempo, sem ser discriminado;

criamos um jornal da categoria, o *Luz de Serviço* (que acabou, criaram outro igualzinho, mas mudaram o nome, claro!, olha a política interferindo); enfim, acho que o sindicato continuou o processo de ser respeitado como órgão da categoria, que havia sido iniciado na gestão do Otávio Augusto, embora pouco frequentado. No meu mandato também deixei claro que a categoria não estava contra os patrões. Não queríamos medidas que prejudicassem os artistas, mas não queríamos também prejudicar os patrões. Como diz a Leilah Assumpção, pode ser colega, mas depois do Sr. Marx, assinou carteira virou filho da puta. Na minha gestão eu não pensava assim. Há um meio-termo entre abaixar a cabeça e aceitar tudo e não aceitar nada só porque a empresa sugeriu. Há que ter um jogo de cintura. Um precisa do outro.

Como nunca tive projeto político não tenho catalogadas todas as conquistas no período em que fui presidente. E nem me lembro bem, como sempre. Fui fazendo. Arregacei as mangas e não fiquei reclamando das gestões anteriores. Jamais falei da herança maldita, porque não fazer quando se está no cargo é pura incompetência, não adianta culpar os outros. Briguei muito. O sindicato ficou parceiro da OAB, participou do *impeachment* do Collor, esteve com Betinho na primeira campanha da fome, se envolveu diretamente no caso Daniela Perez, indo frontalmente contra as declarações do assassino Guilherme de Pádua, que tentou se tornar um comentarista da vida dos atores de televisão, para desviar a atenção do seu crime.

Já me pediram para voltar, mas... Hoje em dia não sou nem sindicalizada, porque não concordo com o que acontece lá. E me irrito por ter que pagar um dia para o Sindicato, mesmo não sendo mais filiada. Por que tenho que comparecer com o dinheiro do meu trabalho para um sindicato com o qual não concordo e do qual nem sou associada? Discrepâncias. Quanto a subir em palanques, seria capaz agora se fosse para lutar contra o voto obrigatório. Tenho três argumentos que sustentam a minha posição: primeiro, em nenhum país adiantado o voto é obrigatório; segundo: nenhum político, seja de extrema direita ou de extrema esquerda, acha bom o voto facultativo. Então deve ser bom para nós, o povo. Terceiro: dizem que em time que está ganhando não se mexe, mas este time não está ganhando há muito tempo, então vamos mexer.

Os políticos estão cada vez mais corruptos, fazem leis que somente beneficiam a eles mesmos, etc... etc... etc... Precisamos acabar com a farra daqueles 300 picaretas de que o Lula falava. Impedir que eles se multipliquem. Ganharão o povo, os sindicatos e toda a sociedade. Portanto, voto facultativo.

Com o marido, Mauro Mendonça, na novela O Espigão

Capítulo VII

Em Família

A garota de Ipanema, que ia à praia de biquíni e que começou a fazer teatro amador, sempre sonhou em casar e ter filhos. Gostava de namorar, mas não tive muitos namorados. Posso garantir, porém, que os que passaram por mim ficaram com a minha marca. Ai, que pretensão! Escorpião mascarado! Como não namorava ninguém da classe artística, até achava que, quando me casasse, largaria a profissão. Mauro foi o meu primeiro namorado que era ator. E com ele me casei.

Nós nos conhecemos no TBC, quando fui para lá fazer a peça do Abílio Pereira de Almeida. No dia em que fui apresentada ao elenco, entrei pela frente e não pela coxia. O Raul Cortez estava na plateia e anos depois me contou que, ao me ver, pensou: *O Mauro vai namorar essa garota*. Não deu outra. Nosso primeiro beijo foi atrás do cenário e quase chegamos atrasados em cena, quase perdemos a deixa.

Namoramos uns dois anos. Ficamos noivos em um Natal, quando o Mauro colocou um anel com brilhantinhos bem pequenos – não dava, é claro, para grandes diamantes – no meu dedo. A gente não queria aquela coisa cafona de colocar aliança na mão direita e depois trocar para a esquerda no casamento. Na festa de Natal, quando também se comemorava o aniversário do meu pai, disse para a minha família: *Ganhei uma aliança. Fiquei noiva*. Meu pai ficou amuadíssimo porque eu não tinha sido pedida em casamento. Mauro fez então o pedido formal da minha mão para o meu pai. Um pouco de teatro, mas ficou tudo certo.

Casei na igrejinha do Teatro Tablado, de noiva e tudo. Dom Hélder Câmara ia fazer a cerimônia, mas na véspera – ele tinha diversos compromissos sociais, uma pessoa muito engajada com a política – ele telefonou avisando que mandaria uma outra pessoa em seu lugar, mas seria ele quem estaria oficiando o casamento. Eu fiquei logo grávida, mas perdi. Tive um aborto espontâneo. Mauro estava até gravando, mandei a vizinha chamar. A gente morava na Bela Vista. Depois tive o João Paulo, Rodrigo e Maurinho. Na verdade, a gente queria dois filhos, mas aí o Maurinho veio. Meu Deus, fico pensando a minha vida sem o Maurinho, sem meu caçulinha. Quando o casal é estabelecido, não fica evitando filhos sempre. Você está ali para formar uma família. Eu quis formar uma família, além de ter uma carreira. Consegui isso.

Ser mãe é um deslumbramento. Se os homens parissem filhos, o mundo teria menos guerras. Nove meses a carregar aquela criança dentro de você, sentir os pontapés, ver a barriga crescer, o umbigo ficar para fora, passar creme para não dar estria, olhar aquele rostinho quando nasce e amamentar fazem com que as mulheres fiquem mais poderosas, mas também mais generosas. Se os homens tivessem estes sentimentos tão absolutos seriam menos belicosos, porque não precisariam provar nada a ninguém. Eu amamentei meus filhos até eles terem um ano de idade. As pessoas diziam que eu era maluca. Era a época que as multinacionais entraram com toda a força no mercado, mostrando anúncios com crianças gordas que tomavam leite em pó. Eu preferi seguir os conselhos da minha mãe. *Dá peito, que é bom, imuniza a criança*. E mesmo com os seios bem pequenos – que odiava quando era jovem e adoro hoje, porque posso sair sem sutiã e só não o faço para não ficar com os biquinhos aparecendo, o que é meio ridículo na minha idade – tinha muito leite para dar. Nunca me preocupei se o peito ia cair ou se a minha aparência ia mudar. É verdade que o meu médico era moderno e não me deixou engordar mais do que 10 quilos, o que não era comum na época, em que as mulheres ganhavam 20, 30 quilos na gravidez. Eu era magrinha, tão sem gordura no corpo, que me lembro um dia que estava deitada na cama de lado, conversando com a Ruthinea de Moraes e não só senti o chute do João Paulo, o meu primeiro filho, como vi nitidamente o pezinho dele na minha barriga. Como isso poderia ser menos importante do que todo o resto? Ah, aquele pezinho. Chorei que nem uma louca de emoção.

E eu nem era chorona. Agora estou mais idiota e adorando. E vou confessar uma coisa: devia ter chorado, mesmo que forçado, em muitos momentos da minha vida. Apelar para o choro dá um resultado... Ser frágil tem suas vantagens. Tem horas que homem não gosta especialmente de mulheres fortes. Admira, mas não gosta.

Como toda mãe que trabalha fui assolada pela culpa muitas vezes. Em especial porque era atriz, uma visão meio burguesa, como ir para o teatro toda noite não fosse trabalho, mas diversão. Na época a gente fazia teatro de terça a domingo, o trânsito era calmo, e eu dava jantar para as crianças às seis e meia, colocava-os na cama às sete e meia. Saía de casa às oito e chegava no teatro meia hora depois, no máximo. Achava que tudo estava maravilhoso até um dia a vizinha me dizer que bastava eu sair, que os meninos iam para a sala jogar futebol. Eles aprontavam muito, era muita testosterona em uma casa, mas acho que fui uma mãe bastante autoritária, e me culpo o suficiente por isso. Vamos dizer que tomei chá quando criança... Na minha casa havia educação, o que facilita muito a vida em tudo. Acho que quis dar o mesmo aos meus filhos. Educação de filhos, no entanto, é como estreia. Você ensaia, ensaia, ensaia, mas na hora da estreia nunca sabe o que vai dar. Hoje, se olho o resultado, reconheço que fico orgulhosa. Mas continuo me culpando pelo autoritarismo.

Meu Deus, mães são sempre culpadas...

Até hoje, me lembro e morro de culpa de um dia que o João Paulo veio me acordar para me dizer que estava com a perna machucada. Eu estava tão cansada, tão cansada que nem dei bola e continuei a dormir. Depois fui ver que ele estava mancando, com um problema sério. Até hoje me lembro disso e, um dia, ele, brincando, já adulto, me fez relembrar a história e minha culpa voltou inteira. *Para, você quer me matar?*

Como todo filho, um deve achar que eu gosto mais do outro. Ou simplesmente achar que fiz mais para um do que para outro. Porque, sem dúvida, devo ter feito algumas injustiças. E essas coisas marcam. Eu, por exemplo, sofria muito quando criança, porque meu irmão cortava os cabelos das minhas bonecas e minha mãe dizia que ele era homem, que podia. Eu detestava isso. Mas hoje sigo os ensinamentos da minha querida amiga Odete Lara, de quem ouvi várias palestras. Quando os filhos reclamarem de alguma coisa devemos dizer: *Somos vítimas das vítimas.*

Um dia, a Bibi Ferreira me perguntou em um programa: *O que você quer que os seus filhos sejam?* Eu respondi que gostaria que eles fossem felizes. E dei uma puxada para o meu ofício. *Eles têm todo o direito de escolher o que vão querer fazer, mas a única coisa que quero é que eles tenham uma profissão tão digna quanto a de seus pais*. Nunca forçamos nada, mas eles viram o nosso exemplo, de como a carreira nos proporcionou vitórias e independência e também se envolveram com a arte. João Paulo é músico; Rodrigo é ator e músico; e Mauro é diretor. Eles nos deram quatro netos. Vitória, de 16 anos, é filha do Maurinho, e a Sofia acabou de nascer; Ana Luiza, de dois anos e meio, é filha do Rodrigo; do João Paulo, Pedro Lucas, de oito meses.

Ser avó é maravilhoso, mas não é melhor do que ter filho de jeito algum. Amo meus netos, mas parir é um deslumbramento incomparável!

Minha relação com o Mauro é baseada na admiração. Nós admiramos o caráter do outro e sabemos as fraquezas, as deficiências. Essa transparência sempre foi o motor da nossa relação e até da nossa separação. Ficamos casados quase 25 anos, nos separamos meses antes das minhas Bodas de Prata – e não perdoo o Mauro por isso, mulher adora esta data – ficamos nove anos afastados, nenhum dos dois se casou de novo, embora não tenham faltado oportunidades. E reatamos. Sempre me pediram muitas entrevistas, mas não falamos nem na época da separação, nem da volta. Não suporto ver as pessoas falando as coisas mais íntimas – como perderam a virgindade, como se sentem na cama – nas páginas das revistas. Eu me recuso a ser pasto para voyeurismo. Nunca quis e não vou querer ser nunca. Se isso me prejudicar na minha vida e carreira, azar. Não fui educada pra isso, acho que é ridículo. Muita gente nem sabe que eu e o Mauro voltamos e não importa mesmo a ninguém, só a nós dois, à nossa família.

Já fizeram muitas fofocas a nosso respeito. Muita gente não perdoa uma pessoa bem-casada e que forma uma família e tem uma carreira. A inveja é corrosiva. Não tem coisa pior que a corrosão, porque vai te comendo. E como o rosto é o espelho da alma, se isso te corrói por dentro na cara vai aparecer. Ou seja, falo o menos possível sobre a nossa relação.

E vou parar por aqui também.

Capítulo VIII

Para Terminar, o Questionário Proust

– Qual sua concepção de perfeita felicidade?

Eu e as pessoas que amo estarem bem, felizes.

– Qual seu maior medo?

De morrer.

– Com qual figura histórica mais se identifica?

Chiquinha Gonzaga, desde que li o livro da Edinha Diniz fiquei encantada com a vida da primeira maestrina e depois pude interpretá-la.

– Isaurinha Garcia é uma figura histórica?

É... Também me identifico com ela. Identifico-me com essas duas mulheres audaciosas como eu. Porque, na pior das hipóteses, audácia é melhor que a frustração.

– Que pessoa (ainda viva) você mais admira?

Aquele que irá descobrir a cura da Aids.

– O que você menos gosta em sua aparência?

Meu quadril, sou do tipo violão, na minha juventude era considerada gostosa, embora magrinha, mas gostaria de ser reta, como está na moda agora.

– Qual a sua característica mais marcante?

Ser amiga dos meus amigos. Leal às minhas amizades.

– Qual a sua característica mais deplorável?

A agressividade, que agora estou tentando canalizar para o bem.

– Em que tipo de ocasião você mente?

Sou do bloco da transparência e da sinceridade. Só cometo pequenas mentiras sociais, porque nem sempre as pessoas querem a verdade, adoram o me engana que eu gosto. *Mesmo assim minto a contragosto.*

– Qual seu maior arrependimento?

Não ter começado a fazer musicais no princípio da minha carreira e só tê-los descoberto agora.

– Que culpas requerem mais indulgência?

As culpas das mães! Perdoem sempre as culpas das mães.

– E menos indulgência?

A maledicência.

– Qual seu escritor favorito?

Durante a minha vida, tive muitos favoritos: Stendhal, Gabriel García Márquez, Fernando Sabino, Graciliano Ramos, José Lins do Rego...

nossa, tantos! Agora estou numa fase mais voyeurística, lendo biografias.

– Qual é a sua ocupação favorita?

Com certeza, ler. Livro, jornal, revista. Nunca dormi sem antes ler pelo menos uma página.

– Quem é seu herói na vida real?

Todas as pessoas coerentes, que não abandonam suas ideologias.

– Qual é o seu herói de ficção favorito?

O Super-homem.

– Qual é a sua maior extravagância?

Joias... comprar joias. Eu confesso e assino.

– Qual é a sua viagem dos sonhos?

Com toda a minha família: filhos, mulheres, namoradas e netos. Fomos uma vez todos juntos para Nova York e foi o máximo.

– Qual a qualidade que você mais admira em um homem?

Não ser mentiroso, já é bom. A maior qualidade é quando ele consegue deixar de ser machão e resolve ser homem.

– Qual a qualidade que você mais admira em uma mulher?

A amorosidade e a maternidade.

– Qual a característica que mais deplora nos outros?

Falta de consideração. Gente que trata mal porteiro, garçom... me tira do sério.

– Qual a frase ou palavra que você mais usa?

Nossa, como é difícil falar de si mesma! Duas palavras eu nunca esqueço, por mais temperamento que tenha: por favor e muito obrigada.

– Qual o seu palavrão predileto?

Eu não digo palavrão quase nunca, não por preconceito, mas por falta de hábito. De vez em quando, porém, um puta que pariu *vai bem.*

– Quando e onde você foi mais feliz?

No nascimento dos meus filhos.

– Qual é seu pertence mais precioso?

Meu escapulário.

– Onde e como você gostaria de viver?

Aqui está bom!

– A reforma política que mais ambicionaria?

A não obrigatoriedade do voto.

– O que você acha mais valioso nos seus amigos?

O fato de eles me conhecerem bem e de me admirarem o caráter.

– Se pudesse nascer de novo como você seria?
Com 1,80 m e com quadril mais estreito. Eu vivo dizendo que tenho 1,68 m, mas não é verdade: tenho 1,65.

– Se pudesse voltar à vida como outra pessoa, quem seria?
Não importa, mas seria definitivamente mulher.

– Que profissão que não fosse a que tem gostaria de ter exercido?
Bailarina, claro!

– Que profissão jamais exerceria?
Medicina.

– Qual é o seu lema?
Eu sou forte para triunfar. Nem os obstáculos, nem o medo podem me afetar.

– O que ou quem é o maior amor de sua vida?
Meus filhos, mas estou trabalhando muito para ser eu mesma o maior amor da minha vida.

– Como você gostaria de morrer?
Que coisa chata falar sobre isso! Não sei se preferia na cama, em um infarto fulminante, sei lá. Nenhuma forma de morrer pode ser boa!
Só não quero dar trabalho a ninguém.

– E com que palavras gostaria de ser recebida no Paraíso?

Que bom que você chegou!

CARREIRA

TEATRO

Cia. Silveira Sampaio

. *Reginaldo, Costureiro*

. *Deu Freud Contra*

. *Da Necessidade de Ser Polígamo*

. *Flagrantes do Rio*

. *Sua Excelência em 26 Poses*

. *Um Homem Magro Entra em Cena*

Todas escritas e dirigidas por Silveira Sampaio

. *Virtude e Circunstância*

De Clô Prado, direção Silveira Sampaio

Cia. Maria Della Costa – Teatro Popular de Arte

. *Moral em Concordata*, de Abílio Pereira de Almeida, direção Flamínio Bollini Cerri

. *A Rosa Tatuada*, de Tennessee Williams, direção Flamínio Bollini Cerri

. *O Canto da Cotovia*, de Jean Anouilh, direção Gianni Ratto

Em Moral em Concordata, *com Maria Della Costa, Luiz Tito, Edmundo Lopes, Felipe Carone e Odete Lara*

TBC

. *Rua São Luiz, 27, 8° Andar*, de Abílio Pereira de Almeida, direção de Alberto D´Aversa

. *Dama de Copas*, de Abílio Pereira de Almeida

Studio 53

. *Homo Copacabanensis*, de Antonio Callado

. *Palavras Trocadas*, de Alfredo Mesquita

. *Bonito como um Deus*, de Millôr Fernandes

. *Exposição 1935*, de Maria Inês Barros de Almeida

. *Antoinette ou a Volta do Marquês*, de Tristan Bernard

. *Pura Ilusão*, de Maria Luiz do Amaral Peixoto
. *As Gaivotas*, de Millôr Fernandes
. *A Colina das Sete Minas*, de Nathan Shalam. Todas com direção de Carlos Murtinho

Companhia Brasileira de Comédia
. *Código Penal*, de Abílio Pereira de Almeida
. *Mulheres do Crepúsculo*, de Sylvia Rayman. Com direção de Haydée Bittencourt

Cia. Nydia Lícia
. *Guerras de Alecrim*, de Antônio José
. *O Judeu*, direção de Milton Barcarelli
. *O Tempo e os Conways*, de J. B Priestley, direção de Alberto D´Aversa

Oficina
. *A Engrenagem*, de Jean Paul Sartre, direção de Augusto Boal
. *Quatro num Quarto*, de Valentim Kataiev, direção de Maurice Vaneau
. *Pequenos Burgueses*, de Máximo Gorki, direção de José Celso Martinez Correa

Em Quatro num Quarto*, com Renato Borghi, Miriam Mehler e Ronaldo Daniel*

Outras produções:

. *Lisístrata*, de Aristófanes, com tradução de Millôr Fernandes, direção de Maurice Vaneau

. *A Infidelidade ao Alcance de Todos*, de Lauro César Muniz, direção de Walter Avancini

. *O Preço*, de Arthur Miller, direção de Luís de Lima

. *Marido, Matriz & Filial*, de Sérgio Jockyman, direção de Antonio Gighoneto

. *A Venerável Madame Goneau*, escrita e dirigida por João Bethencourt

. *A Fila*, de Israel Horowitz, direção de Carlos Murtinho

. *Feira do Adultério*, de Bráulio Pedroso, Paulo Pontes, Armando Costa, João Bethencourt, Ziraldo e Jô Soares, direção geral de Mauro Mendonça
. *Aracelli*, de Marcílio Moraes, direção de Carlos Murtinho
. *Tiro ao Alvo*, de Flávio Márcio, direção de Pedro Camargo
. *Vejo um Vulto na Janela, me Acudam que Eu Sou Donzela*, de Leilah Assumpção, direção de Emiliano Queiroz e Glorinha Beuntmuller
. *Um Retrato de Corpo Inteiro*, de Regiana Antonini
. *Direita Volver*, de Lauro César Muniz, direção de Roberto Frota

Em Um Retrato de Corpo Inteiro

. *A Partilha*, escrita e dirigida por Miguel Falabella

. *Intensa Magia*, de Maria Adelaide Amaral, direção de Paulo César Saraceni, Rio de Janeiro, e Silney Siqueira, São Paulo

. *Ô, Abre-Alas*, de Maria Adelaide Amaral, direção de Charles Möeller e Cláudio Botelho

. *Letti e Lotte*, de Peter Shaffer, direção de Bibi Ferreira

. *Personalíssima*, de Julio Fisher, direção de Jaqueline Laurence

. *O Que é que eu Faço com o Pernil?*, de Regina Helena Paiva Ramos, direção de Jaqueline Laurence

TELEVISÃO

. *Chocolate com Pimenta*

TV Globo, 2003 – Margot

De: Walcyr Carrasco – Colaboração: Thelma Guedes – Direção: Fabrício Mamberti, Frederico Mayrink, Jorge Fernando – Direção Geral: Fabrício Mamberti – Direção de Núcleo: Jorge Fernando

Elenco: Mariana Ximenes, Murilo Benício, Ary Fontoura, Elizabeth Savalla, Laura Cardoso, Drica Moraes, Marcelo Novaes
Sinopse: Ana Francisca se apaixona por Danilo, de quem engravida, mas acaba casando com o dono da fábrica de chocolate. A partir daí sua disputa com a cunhada Jezebel torna-se incessante. Margot é a dona do pequeno hotel da cidade.

. *Estrela-Guia*
TV Globo, 2001 – Carlota Salles
De: Ana Maria Moretzsohn – Colaboração: Fernando Rebello, Daisy Chaves, Isabel de Oliveira, Patrícia Moretzsohn – Direção: Ulisses Cruz e Maria de Médicis – Direção Geral: Carlos Araújo e Denise Saraceni
Elenco: Sandy, Guilherme Fontes, Carolina Ferraz, Rodrigo Santoro, Sérgio Mamberti, Lília Cabral, Floriano Peixoto
Sinopse: Cristal é uma adolescente nascida e criada na comunidade alternativa Arco da Aliança, na Fazenda Jagatah, em Goiás, que se apaixona pelo seu padrinho e tutor, o empre-

sário Tony, noivo da fútil Vanessa. Carlota, a mãe de Tony, não se conforma com o namoro.

. *Vila Madalena*

TV Globo, 1999 – Margot

De: Walter Negrão, Ângela Carneiro, Elizabeth Jhin, Júlio Fischer – Colaboração: Thelma Guedes – Direção: Fabrício Mamberti, Marcus Alvisi – Direção Geral: Roberto Naar – Direção de Núcleo: Jorge Fernando

Elenco: Cristiana Oliveira, Edson Celulari, Yoná Magalhães, Marcos Winter, Marcelo Faria, Ary Fontoura, Maitê Proença

Sinopse: Solano e Roberto se conhecem na penitenciária. Quando sai, Solano procura a noiva de Roberto, Pilar, e por ela se apaixona. Na Vila Madalena mora a família de Pilar: sua mãe Bibiana, uma artista plástica, e sua tia Margot, uma solteirona que tem uma loja de produtos esotéricos.

. *Chiquinha Gonzaga*

TV Globo, 1999 – Princesa Isabel

Minissérie de Lauro César Muniz, escrita com

Com Mário Gomes e Luiza Tomé, em Vila Madalena

Marcílio Moraes – Direção: Jayme Monjardim, Marcelo Travesso e Luiz Armando Queiroz – Direção Geral: Jayme Monjardim
Elenco: Regina Duarte, Gabriela Duarte, Carlos Alberto Riccelli, Suzana Vieira, Daniele Winitz, Caio Blat, Paulo Betti
Sinopse: A vida da compositora Chiquinha Gonzaga, que escandalizou a sociedade carioca no final do século 19.

. Corpo Dourado
TV Globo, 1998 – Isabel
De: Antônio Calmon – Colaboração: Ângela

Carneiro, Eliane Garcia, Flávia Lins e Silva, Lilian Garcia – Colaboração: Alberto Goldin – Direção: Edson Spinello, Fábio Junqueira, Flávio Colatrello, Flávio Galvão, Marcos Schechtman – Direção Geral: Flávio Colatrello, Marcos Schechtman
Elenco: Cristiana Oliveira, Marcos Winter, Daniele Winitz, Humberto Martins, Fábio Jr., Maria Luiza Mendonça, Carlos Vereza
Sinopse: Arturzinho é um *playboy* que sofre pressões do pai, Zé Paulo, para se casar com Selena para livrar da falência os negócios da família. Ele, porém, é namorado de Alicinha. Selena também é apaixonada pelo delegado Chico, que já é casado com a voluntariosa Amanda.

. *As Pupilas do Senhor Reitor*
SBT, 1995 – Ressurreição
De: Lauro César Muniz, baseada no romance de Júlio Diniz – Escrita por Bosco Brasil, Ismael Fernandes, Analy A. Pinto, Aziz Bajur e Zeno Wilde – Direção: Del Rangel e Henrique Martins – Direção Geral: Nilton Travesso

Elenco: Juca de Oliveira, Débora Bloch, Luciana Braga, Eduardo Moscovis, Tuca Andrade, Denise Del Vecchio, Joana Fomm
Sinopse: Padre Antônio, o Senhor Reitor, assume a educação de duas jovens órfãs, Clara e Guida, na pequena aldeia de Póvoa de Varzim, na região do Minho, em Portugal.

. *Salsa e Merengue*
TV Globo, 1996 – como Bárbara
De: Miguel Falabella e Maria Carmem Barbosa
Colaboração: Jane Santos – Direção: Luciano Sabino, Maurício Farias, Wolf Maya, Cininha de Paula – Direção Geral: Wolf Maya
Elenco: Marcos Palmeira, Patrícia França, Marcelo Anthony, Débora Bloch, Diogo Vilella, Arlete Salles
Sinopse: Dois mundos se encontram, quando o rico Eugênio procura a sua verdadeira família e precisa que seu pobre irmão Valentim seja doador para um transplante de medula. Os dois se apaixonam pela mesma mulher, Madalena.

. A Próxima Vítima

TV Globo, 1995 – Romana Ferreto

De: Sílvio de Abreu – Colaboração: Alcides Nogueira, Maria Adelaide Amaral – Direção: Alexandre Boury, Jorge Fernando, Marcelo Travesso, Rogério Gomes – Direção Geral: Jorge Fernando

Elenco: Tony Ramos, Suzana Vieira, José Wilker, Aracy Balabanian, Lima Duarte, Paulo Betti, Yoná Magalhães

Sinopse: Francesca Ferreto descobre a infidelidade do marido Marcelo, que tem outra família com Ana. Ele é executivo do frigorífico da família Ferreto, que sofrerá um abalo com o assassinato de Filomena. Romana é a irmã que chega depois do crime, um dos muitos da trama.

. Memorial de Maria Moura

TV Globo, 1994 – Eufrásia

Minissérie de Jorge Furtado e Carlos Gerbasse

Direção: Denise Saraceni, Mauro Mendonça Filho e Roberto Farias – Direção Artística: Carlos Manga

Elenco: Glória Pires, Marcos Palmeira, Cristiana Oliveira, Jackson Antunes, Zezé Polessa, Sebastião Vasconcelos
Sinopse: A saga de uma jovem mulher que defende as suas terras e a sua honra com todas as armas.

. *O Fantasma da Ópera*
TV Manchete, 1991 – Amália
Minissérie de Geraldo Vietri, baseada na obra de Gaston Leroux – Escrita por Paulo Afonso de Lima e Jael Coaracy – Supervisão: Geraldo Vietri – Direção: Del Rangel, Álvaro Fugulin e Atilio Riccó
Elenco: Cláudio Marzo, Carolina Ferraz, Sérgio Britto, Tarcísio Filho, Edwin Luisi, Marcos Caruso
Sinopse: Uma sucessão de crimes acontece no Teatro Municipal do Rio de Janeiro, enquanto Cristina ensaia uma ópera assinada pelo maestro Antônio, mas que na verdade é de autoria de um músico que todos consideram morto há muitos anos.

. Pantanal

TV Manchete, 1990 – Zuleica

De: Benedito Ruy Barbosa – Direção: Carlos Magalhães, Roberto Naar, Marcelo de Barreto

Direção-Geral: Jayme Monjardim

Elenco: Cláudio Marzo, Cristiana Oliveira, Marcos Winter, Amir Sater, Nathália Timberg, Rubens Correa

Sinopse: A saga da família Leôncio desde os anos 1940, quando Joventino chega ao Pantanal em Mato Grosso.

. Kananga do Japão

TV Manchete, 1990 – Josephine

De: Wilson Aguiar Filho – Colaboração: Leila Miccolis – Direção: Tizuka Yamasaki, Carlos Guimarães, Marcos Schectman e Wilson Solon

Elenco: Cristiane Torloni, Raul Gazzola, Elaine Cristina, Giuseppe Oristânio, Tônia Carrero, Carlos Alberto, Júlia Lemmertz

Sinopse: No Rio de Janeiro dos anos 1930 todos se divertem e namoram na pista da gafieira Kananga do Japão.

. *Cambalacho*
TV Globo, 1986 – Céci
De: Sílvio de Abreu – Direção: Jorge Fernando e Del Rangel
Elenco: Fernanda Montenegro, Gianfrancesco Guarnieri, Natalia do Valle, Suzana Vieira, Cláudio Marzo, Débora Bloch, Joana Fomm
Sinopse: Para ficar com a herança de Antero Souza e Silva, Andreia planeja o crime perfeito. Seu dinheiro, porém, vai para uma filha desaparecida – Leonarda Furtado, a Naná, que vive de pequenos golpes.

Com Roberto Bonfim, em Cambalacho

. *Jogo do Amor*

SBT, 1985 – como Neide

De: Aziz Bajur – Direção: Antonino Seabra

Elenco: Jorge Dória, Ilka Soares, Jonas Mello, Thaís de Andrade, Kito Junqueira, Célia Helena

Sinopse: Otávio faz uma negociata e cai em desgraça. Seu inesquecível amor é Neide, com quem teve um filho.

. *Vereda Tropical*

TV Globo, 1984 – Bárbara

Autoria: Carlos Lombardi – Argumento e Supervisão: Sílvio de Abreu – Direção: Guel Arraes, Jorge Fernando

Elenco: Lucélia Santos, Mário Gomes, Maria Zilda, Walmor Chagas, Geórgia Gomide, Gianfrancesco Guarnieri

Sinopse: A operária Silvana faz de tudo para ficar com a posse do filho Zeca. O menino é disputado pelo avô, o poderoso Oliva, dono da fábrica de perfumes Vereda Tropical.

Em Vereda Tropical

. Eu Prometo

TV Globo, 1983 – Tarsila Serra Jardim

De: Janete Clair – Colaboração: Dias Gomes e Glória Perez – Supervisão: Paulo Ubiratan – Denis Carvalho, Luís Antônio Piá

Elenco: Francisco Cuoco, Renée de Vielmond, Dina Sfat, Ney Latorraca, Marcos Paulo, Joana Fomm, Rogério Fróes

Sinopse: Lucas Cantomaia se empenha em sua candidatura ao Senado Federal. Paralelamente à sua escalada ao poder, alguns acontecimentos modificarão a sua conduta exemplar, ao se apaixonar pela fotógrafa Kely Romani, abalando seu casamento com Darlene.

Com Ana Helene, em Eu Prometo

. Jogo da Vida
TV Globo, 1981 – Loreta Pires de Camargo
De: Sílvio de Abreu – Argumento: Janete Clair
Direção: Guel Arraes, Jorge Fernando, Roberto Talma
Elenco: Glória Menezes, Gianfrancesco Guarnieri, Raul Cortez, Carlos Vereza, Carlos Augusto Strazzer, Maitê Proença
Sinopse: Tia Mena deixa para Jordana um milhão de dólares de herança, escondidos dentro da estátua de um cupido. Mas para colocar a mão na grana, ela terá que disputar com Carlito Madureira e Loreta, uma dupla ardilosa.

. Chega Mais

TV Globo, 1980 – Léa

De: Carlos Eduardo Novaes – Direção: Roberto Vignati e Walter Campos

Elenco: Tony Ramos, Sônia Braga, Renata Sorrah, Osmar Prado, Ney Santanna, Christiane Torloni

Sinopse: Tom é sequestrado no dia de seu casamento, deixando a noiva Gely esperando no altar. No entanto, o sequestro foi todo orquestrado pelo próprio noivo, interessado em receber o dinheiro do resgate, exigido à família da noiva. Tom se aproxima de Lea e Gely volta a ser assediada por seu ex-noivo, Guto.

Em Chega Mais

. *Pai Herói*

TV Globo, 1979 – Valquíria

De: Janete Clair – Direção: Gonzaga Blota, Roberto Talma, Roberto Vignati

Elenco: Tony Ramos, Glória Menezes, Elizabeth Savalla, Lélia Abramo, Beatriz Segall, Carlos Zara

Sinopse: André Cajarana é um homem dividido entre duas mulheres: Ana Preta, dona da gafieira Flor de Lys, e Carina, bailarina famosa, criada no seio da família Limeira Brandão. Valkiria Limeira Brandão é a mãe de Carina, que se envolve com César.

. *Nina*

TV Globo, 1977 – Arlete

De: Walter George Durst – Direção: Fábio Sabag e Walter Avancini

Elenco: Antônio Fagundes, Regina Duarte, Cláudio Cavalcanti, Fábio Jr., Lúcia Alves, Isabela Garcia, Marcos Paulo

Sinopse: Nina se emprega como professora num rígido colégio onde a moral da década de 1920 está instalada em todos os seus conceitos. Disputará com Arlete, filha do barão Antônio Torres Galba, o amor pelo italiano Bruno.

. *Pecado Capital*
TV Globo, 1975 – Eunice
De: Janete Clair – Direção: Daniel Filho
Elenco: Francisco Cuoco, Betty Faria, Lima Duarte, Denis Carvalho, Débora Duarte, Luiz Armando Queiroz
Sinopse: O taxista Carlão encontra no banco de seu táxi uma fortuna proveniente de um assalto a banco. Acaba se casando com Eunice, suspeita de envolvimento no roubo e largando seu grande amor, Lucinha.

. *Cuca Legal*
TV Globo, 1975 – Kinu
De: Marcos Rey – Direção: Oswaldo Loureiro
Elenco: Francisco Cuoco, Françoise Forton, Yoná Magalhães, Hugo Carvana, Suely Franco
Sinopse: Mário Barroso é um homem dividido entre três mulheres, que moram em diferentes cidades. O grande dilema de Mário é saber qual das três pode ser a mulher que lhe daria um filho de cuca legal.

. *Escalada*

TV Globo, 1975 – Arlete

De: Lauro César Muniz – Direção: Régis Cardoso

Elenco: Tarcísio Meira, Suzana Vieira, Renée de Vielmond, Ney Latorraca, Cecil Thiré, Mário Lago, Nathália Timberg

Sinopse: A escalada social de Antônio Dias dos anos 1940 à década de 1970. Rosamaria fez participação em um capítulo.

. *O Espigão*

TV Globo, 1974 – Helga

De: Dias Gomes – Direção: Régis Cardoso

Elenco: Betty Faria, Milton Moares, Ary Fontoura, Bibi Vogel, Carlos Eduardo Dolabella, Suzana Vieira

Sinopse: Lauro Fontana sonha em construir o maior hotel do Brasil, o Fontana Sky. Mas o terreno desejado é dos irmãos Urânia, Baltazar, Marcito e Tina Camará.

. *Carinhoso*

TV Globo, 1973 – Ivone

De: Lauro César Muniz – Direção: Walter Campos

Em O Espigão

Elenco: Regina Duarte, Marcos Paulo, Cláudio Cavalcanti, Cláudio Marzo, Débora Duarte

Sinopse: A aeromoça Cecília retorna ao Rio de Janeiro depois de anos morando no exterior e, mais uma vez, fica dividida entre os irmãos Humberto e Eduardo, que já a cortejavam no passado. Os rapazes são filhos dos patrões de seu pai – Felipe, o chofer da família Vasconcelos.

. O Primeiro Amor

TV Globo, 1972 – Paula

De: Walter Negrão – Direção: Régis Cardoso

Elenco: Sérgio Cardoso, Leonardo Villar, Aracy Balabanian, Paulo José, Flávio Migliaccio, Tônia Carrero, Nívea Maria

Sinopse: O professor Luciano e a governanta Paula se amam, apesar dos protestos de Babi, a geniosa filha dele, e de Maria do Carmo, uma namorada antiga.

. Os Estranhos

TV Excelsior, 1969 – Dioneia

De: Ivani Ribeiro – Direção: Gianfrancesco Guarnieri e Gonzaga Blota

Elenco: Pelé, Regina Duarte, Carlos Zara, Stênio Garcia, Cláudio Correa e Castro, Márcia Real, Vida Alves

Sinopse: Um escritor se confronta com seres extraterrestres que vivem em um mundo de paz e pretendem ajudar os humanos.

. Sangue do meu Sangue

TV Excelsior, 1969 – Viviane

De: Vicente Sesso – Direção: Sérgio Britto
Elenco: Francisco Cuoco, Nicete Bruno, Tonia Carrero, Fernanda Montenegro, Armando Bógus, Mauro Mendonça, Rita Cleos
Sinopse: História passada na época do Segundo Reinado, que mostra a luta de um homem para derrotar o seu algoz.

Em Sangue do Meu Sangue, *com Aldo de Maio, Renato Machado, Mauro Mendonça, Fernanda Montenegro, Sérgio Britto e equipe técnica*

. *A Muralha*
TV Excelsior, 1968 – Isabel
De: Ivani Ribeiro, baseada no romance de Dinah Silveira de Queiroz – Direção: Sérgio Britto e Gonzaga Blota
Elenco: Mauro Mendonça, Fernanda Montenegro, Gianfrancesco Guarnieri, Nicete Bruno, Nathália Timberg, Paulo Goulart
Sinopse: A família do bandeirante Dom Braz, que vive cercada pela serra que impede as incursões em busca de novas terras, a muralha, é o ponto de partida da história. Isabel é sobrinha e braço-direito dos bandeirantes, criada com os índios, com uma personalidade forte e arredia.

Em A Muralha, *com Paulo Goulart*

. *O Santo Mestiço*
TV Globo, 1968
De: Glória Magadan – Direção: Fábio Sabag
Elenco: Sérgio Cardoso, Ednei Giovenazzi, Germano Filho, Turíbio Ruiz, Dina Lisboa, Celso Marques, Germano Filho
Sinopse: A história de São Martim Porres, o primeiro sul-americano a ser canonizado, o que aconteceu em 1962.

Em O Santo Mestiço, *com Dina Lisboa*

. *Paixão Proibida*
TV Tupi, 1967 – Maria Helena
De: Janete Clair – Direção: Geraldo Vietri
Elenco: Sérgio Cardoso, Miriam Mehler, Juca de Oliveira, Lima Duarte, Lélia Abramo, Sadi Cabral
Sinopse: O amor de Doroteia e Rogério é impossibilitado por uma delação, em uma história que corre paralela à trajetória de Tiradentes.

. *O Anjo e o Vagabundo*
TV Tupi, 1967 – Geni
De: Benedito Ruy Barbosa – Direção: Wanda Kosmo
Elenco: Sérgio Cardoso, Gianete Franco, Ana Rosa, Lisa Negri, Rildo Gonçalves
Sinopse: Tininha busca seus pais verdadeiros, após descobrir que é adotada. Geni busca incessantemente sua filha que desapareceu dias após o nascimento.

. *Somos Todos Irmãos*
TV Tupi, 1966 – Valéria
De: Benedito Ruy Barbosa, baseada no romance *A Vingança do Judeu*, de W. Rochester

Elenco: Sérgio Cardoso, Cacilda Lanuza, Wilson Fragoso, Guy Loup
Sinopse: O judeu Samuel e a condessa Valéria se apaixonam, mas não se casam porque as famílias não permitem. Alguns anos depois, casados com outros, terão os filhos trocados, gerando uma confusão sem fim.

. *A Inimiga*
TV Tupi, 1966 – Leonora
De: Geraldo Vietri, baseada no original argentino de Nene Castellar – Direção: Geraldo Vietri
Elenco: Hélio Souto, José Parisi, Maria Luiza Castelli, Juca de Oliveira
Sinopse: Leonora fica viúva e passa a ser disputada pelos dois irmãos do marido, ambos comprometidos.

. *Eu Quero Você*
TV Excelsior, 1965
De: Vito Martini – Direção: Wálter Avancini
Elenco: Altair Lima, Ana Maria Nabuco, Wilma de Aguiar, Edgard Franco, Ivani Guimarães, Odavlas Petti

. *Ainda Resta uma Esperança*
TV Excelsior, 1965
De: Júlio Atlas – Direção: Waldemar de Moraes e Carlos Zara
Elenco: Francisco Cuoco, Maria Aparecida Alves, Astrogildo Filho, Lourdes Rocha, Lourdinha Félix
Sinopse: Seu nome original era *As Desquitadas*, mas foi vetado pela censura, assim como alguns detalhes da história que falava de casais que buscavam no desquite a solução para os seus problemas conjugais. Rosamaria fazia par com Cuoco.

Em Ainda Resta uma Esperança, *com Francisco Cuoco*

. *Pecado de Mulher*
TV Excelsior, 1964
De: Nene Castellar
Elenco: Neuza Amaral, Geraldo Del Rey, Yara Lins, Carlos Zara, Hélio Souto, Márcia Real

. *A Moça que Veio de Longe*
TV Excelsior, 1964 – Maria Aparecida
De: Ivani Ribeiro, baseada no original de Abel Santa Cruz – Direção: Dionísio Azevedo
Elenco: Hélio Souto, Flora Geny, Lourdes Rocha, Sílvio Francisco, Neusa Amaral, Lurdinha Félix
Sinopse: O amor impossível entre a empregada doméstica Maria Aparecida e Raul, o filho de seu patrão.

ANTES DAS NOVELAS

Teatro 63 (TV Excelsior, 1963)
Teatro Nove (TV Excelsior, 1960)
Teatrinho Trol (TV Tupi, 1959)
Teatro Moinho de Ouro (TV Rio, 1958)
Teatro de Comédias (TV Tupi, 1957)
Teatro de Comédias Piraquê (TV Tupi, 1954)

CINEMA

. *Didi, o Cupido Trapalhão*
Direção: Paulo Aragão e Alexandre Boury
Elenco: Renato Aragão, Daniel, Jacqueline Petkovic, Mauro Mendonça, Aramis Trindade
Sinopse: Após atazanar a vida de Deus no céu, Didi é enviado à Terra como cupido, tendo a missão de unir casais e torná-los perdidamente apaixonados.

. *Os Moradores da Rua Humboldt*
Curta-metragem – 1992
Direção: Luciano Moura
Elenco: Paulo José, Pedro Cardoso
A história de uma numerosa família onde cada um desenvolve uma estranha ocupação.

. *Natal da Portela* – 1988
Direção e Roteiro: Paulo César Saraceni
Elenco: Milton Gonçalves, Grande Otelo, Adele Fátima, Zezé Motta, Maurício do Valle, Maria Gladys, Toni Tornado
Sinopse: A trajetória de um menino humilde,

que perde o braço, e se torna poderoso bicheiro e nome do samba carioca. Rosamaria fez uma participação afetiva.

. *Primeiro de Abril, Brasil* – 1988
Direção: Maria Letícia – Roteiro: Maria Letícia, baseado em peça de Leilah Assumpção
Elenco: Tessy Callado, Ida Gomes, Maria Letícia, Emiliano Queiroz, Ricardo Blat, Chico Diaz
Sinopse: Numa república de mulheres, vivem-se os momentos que antecedem o golpe militar de 1964.

. *A Longa Noite do Prazer* – 1983
Direção e Roteiro: Afrânio Vidal
Elenco: Haroldo de Oliveira, Jussara Calmon, Dary Reis, Tião Macalé, Procópio Mariano
Sinopse: Em busca de dinheiro fácil, rapazes realizam vários assaltos e se envolvem com duas garotas.

. *O Vigilante Rodoviário* – 1962
Direção: Ary Fernandes – Roteiro: Ary Fernandes, J.C. de Souza, Fábio Novaes Silva

Elenco: Carlos Miranda, Ary Fontoura, Ary Toledo, Turíbio Ruiz, Xandó Batista, Juca Chaves, Carlos Miranda
Sinopse: Pioneira série produzida para a TV, fez tanto sucesso que alguns de seus episódios foram reunidos em longas-metragens lançados durante a década de 1960 em todo o Brasil. Neste, Rosamaria vive Marisa, uma intrépida repórter.

. *Estrada do Amor* (Weit ist der Weg) – 1960
Direção: Wolfgang Schleif – Roteiro: Kurt Nachmann e Carlos Alberto de Souza Barros

Elenco: Freddy Quinn, Ingeborg Schöner, Janni Anneli Sauli, Edith Schultze-Westrum, Leon Askin, Panos Papadopulos, Dionísio Azevedo, Eugênio Kusnet, Antonio Pitanga
Sinopse: Maria, professora primária, chega a uma cidade do interior para lecionar em um internato de crianças.

Em Ainda Resta uma Esperança, *com Francisco Cuoco*

Índice

Crédito das Fotografias

Ilustração sobre foto de Guerrero capa

Sílvio Pozatto 28

Cláudia Ribeiro 29

Richard Sasso 40

Lúccio 54

Carlos (do Rio) 64

Joaquim 67

Derly Marques 69, 70

Edson Gomes 78, 79

Guga Melgar 89

Ivan Luna 90

Cedoc-TV Globo 110, 111, 146, 177, 189

TV Globo-Eduardo França 113

TV Globo-Nelson Di Rago 120, 122, 171, 179, 180, 181, 185

TV Globo-Bazílio Calazans 121

Lúcio Marreiro-Ed. Abril 137

Guerrero 162

J. Ferreira da Silva-Ed. Abril 189

A despeito dos esforços de pesquisa empreendidos pela Editora para identificar a autoria das fotos expostas nesta obra, parte delas não é de autoria conhecida de seus organizadores.
Agradecemos o envio ou comunicação de toda informação relativa à autoria e/ou a outros dados que porventura estejam incompletos, para que sejam devidamente creditados.

Coleção Aplauso

Série Cinema Brasil

Alain Fresnot – Um Cineasta sem Alma
Alain Fresnot

Agostinho Martins Pereira – Um Idealista
Máximo Barro

Alfredo Sternheim – Um Insólito Destino
Alfredo Sternheim

O Ano em Que Meus Pais Saíram de Férias
Roteiro de Cláudio Galperin, Bráulio Mantovani, Anna Muylaert e Cao Hamburger

Anselmo Duarte – O Homem da Palma de Ouro
Luiz Carlos Merten

Antonio Carlos da Fontoura – Espelho da Alma
Rodrigo Murat

Ary Fernandes – Sua Fascinante História
Antônio Leão da Silva Neto

O Bandido da Luz Vermelha
Roteiro de Rogério Sganzerla

Batismo de Sangue
Roteiro de Dani Patarra e Helvécio Ratton

Bens Confiscados
Roteiro comentado pelos seus autores Daniel Chaia e Carlos Reichenbach

Braz Chediak – Fragmentos de uma Vida
Sérgio Rodrigo Reis

Cabra-Cega
Roteiro de Di Moretti, comentado por Toni Venturi e Ricardo Kauffman

O Caçador de Diamantes
Roteiro de Vittorio Capellaro, comentado por Máximo Barro

Carlos Coimbra – Um Homem Raro
Luiz Carlos Merten

Carlos Reichenbach – O Cinema Como Razão de Viver
Marcelo Lyra

A Cartomante
Roteiro comentado por seu autor Wagner de Assis

Casa de Meninas
Romance original e roteiro de Inácio Araújo

O Caso dos Irmãos Naves
Roteiro de Jean-Claude Bernardet e Luis Sérgio Person

O Céu de Suely
Roteiro de Karim Aïnouz, Felipe Bragança e Maurício Zacharias

Chega de Saudade
Roteiro de Luiz Bolognesi

Cidade dos Homens
Roteiro de Elena Soárez

Como Fazer um Filme de Amor
Roteiro escrito e comentado por Luiz Moura e José Roberto Torero

O Contador de Histórias
Roteiro de Luiz Villaça, Mariana Veríssimo, Maurício Arruda e José Roberto Torero

Críticas de B.J. Duarte – Paixão, Polêmica e Generosidade
Luiz Antonio Souza Lima de Macedo

Críticas de Edmar Pereira – Razão e Sensibilidade
Org. Luiz Carlos Merten

Críticas de Jairo Ferreira – Críticas de invenção: Os Anos do São Paulo Shimbun
Org. Alessandro Gamo

Críticas de Luiz Geraldo de Miranda Leão – Analisando Cinema: Críticas de LG
Org. Aurora Miranda Leão

Críticas de Ruben Biáfora – A Coragem de Ser
Org. Carlos M. Motta e José Júlio Spiewak

De Passagem
Roteiro de Cláudio Yosida e Direção de Ricardo Elias

Desmundo
Roteiro de Alain Fresnot, Anna Muylaert e Sabina Anzuategui

Djalma Limongi Batista – Livre Pensador
Marcel Nadale

Dogma Feijoada: O Cinema Negro Brasileiro
Jeferson De

Dois Córregos
Roteiro de Carlos Reichenbach

A Dona da História
Roteiro de João Falcão, João Emanuel Carneiro e Daniel Filho

Os 12 Trabalhos
Roteiro de Cláudio Yosida e Ricardo Elias

Estômago
Roteiro de Lusa Silvestre, Marcos Jorge e Cláudia da Natividade

Feliz Natal
Roteiro de Selton Mello e Marcelo Vindicatto

Fernando Meirelles – Biografia Prematura
Maria do Rosário Caetano

Fim da Linha
Roteiro de Gustavo Steinberg e Guilherme Werneck; Storyboards de Fábio Moon e Gabriel Bá

Fome de Bola – Cinema e Futebol no Brasil
Luiz Zanin Oricchio

Francisco Ramalho Jr. – Éramos Apenas Paulistas
Celso Sabadin

Geraldo Moraes – O Cineasta do Interior
Klecius Henrique

Guilherme de Almeida Prado – Um Cineasta Cinéfilo
Luiz Zanin Oricchio

Helvécio Ratton – O Cinema Além das Montanhas
Pablo Villaça

O Homem que Virou Suco
Roteiro de João Batista de Andrade, organização de Ariane Abdallah e Newton Cannito

Ivan Cardoso – O Mestre do Terrir
Remier

João Batista de Andrade – Alguma Solidão e Muitas Histórias
Maria do Rosário Caetano

Jorge Bodanzky – O Homem com a Câmera
Carlos Alberto Mattos

José Antonio Garcia – Em Busca da Alma Feminina
Marcel Nadale

José Carlos Burle – Drama na Chanchada
Máximo Barro

Liberdade de Imprensa – O Cinema de Intervenção
Renata Fortes e João Batista de Andrade

Luiz Carlos Lacerda – Prazer & Cinema
Alfredo Sternheim

Maurice Capovilla – A Imagem Crítica
Carlos Alberto Mattos

Mauro Alice – Um Operário do Filme
Sheila Schvarzman

Máximo Barro – Talento e Altruísmo
Alfredo Sternheim

Miguel Borges – Um Lobisomem Sai da Sombra
Antônio Leão da Silva Neto

Não por Acaso
Roteiro de Philippe Barcinski, Fabiana Werneck Barcinski
e Eugênio Puppo

Narradores de Javé
Roteiro de Eliane Caffé e Luís Alberto de Abreu

Olhos Azuis
Argumento de José Joffily e Jorge Duran
Roteiro de Jorge Duran e Melanie Dimantas

Onde Andará Dulce Veiga
Roteiro de Guilherme de Almeida Prado

Orlando Senna – O Homem da Montanha
Hermes Leal

Pedro Jorge de Castro – O Calor da Tela
Rogério Menezes

Quanto Vale ou É por Quilo
Roteiro de Eduardo Benaim, Newton Cannito e Sergio Bianchi

Ricardo Pinto e Silva – Rir ou Chorar
Rodrigo Capella

Rodolfo Nanni – Um Realizador Persistente
Neusa Barbosa

Salve Geral
Roteiro de Sergio Rezende e Patrícia Andrade

O Signo da Cidade
Roteiro de Bruna Lombardi

Ugo Giorgetti – O Sonho Intacto
Rosane Pavam

Viva-Voz
Roteiro de Márcio Alemão

Vladimir Carvalho – Pedras na Lua e Pelejas no Planalto
Carlos Alberto Mattos

Vlado – 30 Anos Depois
Roteiro de João Batista de Andrade

Zuzu Angel
Roteiro de Marcos Bernstein e Sergio Rezende

Série Cinema

Bastidores – Um Outro Lado do Cinema
Elaine Guerini

Série Ciência & Tecnologia

Cinema Digital – Um Novo Começo?
Luiz Gonzaga Assis de Luca

A Hora do Cinema Digital – Democratização e Globalização do Audiovisual
Luiz Gonzaga Assis De Luca

Série Crônicas

Crônicas de Maria Lúcia Dahl – O Quebra-cabeças
Maria Lúcia Dahl

Série Dança

Rodrigo Pederneiras e o Grupo Corpo – Dança Universal
Sérgio Rodrigo Reis

Série Música

Maestro Diogo Pacheco – Um Maestro para Todos
Alfredo Sternheim

Rogério Duprat – Ecletismo Musical
Máximo Barro

Sérgio Ricardo – Canto Vadio
Eliana Pace

Wagner Tiso – Som, Imagem, Ação
Beatriz Coelho Silva

Série Teatro Brasil

Alcides Nogueira – Alma de Cetim
Tuna Dwek

Antenor Pimenta – Circo e Poesia
Danielle Pimenta

Cia de Teatro Os Satyros – Um Palco Visceral
Alberto Guzik

Críticas de Clóvis Garcia – A Crítica Como Ofício
Org. Carmelinda Guimarães

Críticas de Maria Lucia Candeias – Duas Tábuas e Uma Paixão
Org. José Simões de Almeida Júnior

Federico Garcia Lorca – Pequeno Poema Infinito
Antonio Gilberto e José Mauro Brant

Ilo Krugli – Poesia Rasgada
Ieda de Abreu

João Bethencourt – O Locatário da Comédia
Rodrigo Murat

José Renato – Energia Eterna
Hersch Basbaum

Leilah Assumpção – A Consciência da Mulher
Eliana Pace

Luís Alberto de Abreu – Até a Última Sílaba
Adélia Nicolete

Maurice Vaneau – Artista Múltiplo
Leila Corrêa

Renata Palottini – Cumprimenta e Pede Passagem
Rita Ribeiro Guimarães

Teatro Brasileiro de Comédia – Eu Vivi o TBC
Nydia Licia

O Teatro de Abílio Pereira de Almeida
Abílio Pereira de Almeida

O Teatro de Aimar Labaki
Aimar Labaki

O Teatro de Alberto Guzik
Alberto Guzik

O Teatro de Antonio Rocco
Antonio Rocco

O Teatro de Cordel de Chico de Assis
Chico de Assis

O Teatro de Emílio Boechat
Emílio Boechat

O Teatro de Germano Pereira – Reescrevendo Clássicos
Germano Pereira

O Teatro de José Saffioti Filho
José Saffioti Filho

O Teatro de Alcides Nogueira – Trilogia: Ópera Joyce – Gertrude Stein, Alice Toklas & Pablo Picasso – Pólvora e Poesia
Alcides Nogueira

O Teatro de Ivam Cabral – Quatro textos para um teatro veloz: Faz de Conta que tem Sol lá Fora – Os Cantos de Maldoror – De Profundis – A Herança do Teatro
Ivam Cabral

O Teatro de Noemi Marinho: Fulaninha e Dona Coisa, Homeless, Cor de Chá, Plantonista Vilma
Noemi Marinho

Teatro de Revista em São Paulo – De Pernas para o Ar
Neyde Veneziano

O Teatro de Samir Yazbek: A Entrevista – O Fingidor – A Terra Prometida
Samir Yazbek

O Teatro de Sérgio Roveri
Sérgio Roveri

Teresa Aguiar e o Grupo Rotunda – Quatro Décadas em Cena
Ariane Porto

Série Perfil

Analy Alvarez – De Corpo e Alma
Nicolau Radamés Creti

Aracy Balabanian – Nunca Fui Anjo
Tania Carvalho

Arllete Montenegro – Fé, Amor e Emoção
Alfredo Sternheim

Ary Fontoura – Entre Rios e Janeiros
Rogério Menezes

Berta Zemel – A Alma das Pedras
Rodrigo Antunes Corrêa

Bete Mendes – O Cão e a Rosa
Rogério Menezes

Betty Faria – Rebelde por Natureza
Tania Carvalho

Carla Camurati – Luz Natural
Carlos Alberto Mattos

Cecil Thiré – Mestre do seu Ofício
Tania Carvalho

Celso Nunes – Sem Amarras
Eliana Rocha

Cleyde Yaconis – Dama Discreta
Vilmar Ledesma

David Cardoso – Persistência e Paixão
Alfredo Sternheim

Débora Duarte – Filha da Televisão
Laura Malin

Denise Del Vecchio – Memórias da Lua
Tuna Dwek

Elisabeth Hartmann – A Sarah dos Pampas
Reinaldo Braga

Emiliano Queiroz – Na Sobremesa da Vida
Maria Leticia

Emilio Di Biasi – O Tempo e a Vida de um Aprendiz
Erika Riedel

Etty Fraser – Virada Pra Lua
Vilmar Ledesma

Ewerton de Castro – Minha Vida na Arte: Memória e Poética
Reni Cardoso

Fernanda Montenegro – A Defesa do Mistério
Neusa Barbosa

Fernando Peixoto – Em Cena Aberta
Marília Balbi

Geórgia Gomide – Uma Atriz Brasileira
Eliana Pace

Gianfrancesco Guarnieri – Um Grito Solto no Ar
Sérgio Roveri

Glauco Mirko Laurelli – Um Artesão do Cinema
Maria Angela de Jesus

Ilka Soares – A Bela da Tela
Wagner de Assis

Irene Ravache – Caçadora de Emoções
Tania Carvalho

Irene Stefania – Arte e Psicoterapia
Germano Pereira

Isabel Ribeiro – Iluminada
Luis Sergio Lima e Silva

Isolda Cresta – Zozô Vulcão
Luis Sérgio Lima e Silva

Joana Fomm – Momento de Decisão
Vilmar Ledesma

John Herbert – Um Gentleman no Palco e na Vida
Neusa Barbosa

Jonas Bloch – O Ofício de uma Paixão
Nilu Lebert

Jorge Loredo – O Perigote do Brasil
Cláudio Fragata

José Dumont – Do Cordel às Telas
Klecius Henrique

Leonardo Villar – Garra e Paixão
Nydia Licia

Lília Cabral – Descobrindo Lília Cabral
Analu Ribeiro

Lolita Rodrigues – De Carne e Osso
Eliana Castro

Louise Cardoso – A Mulher do Barbosa
Vilmar Ledesma

Marcos Caruso – Um Obstinado
Eliana Rocha

Maria Adelaide Amaral – A Emoção Libertária
Tuna Dwek

Marisa Prado – A Estrela, O Mistério
Luiz Carlos Lisboa

Mauro Mendonça – Em Busca da Perfeição
Renato Sérgio

Miriam Mehler – Sensibilidade e Paixão
Vilmar Ledesma

Naum Alves de Souza: Imagem, Cena, Palavra
Alberto Guzik

Nicette Bruno e Paulo Goulart – Tudo em Família
Elaine Guerrini

Nívea Maria – Uma Atriz Real
Mauro Alencar e Eliana Pace

Niza de Castro Tank – Niza, Apesar das Outras
Sara Lopes

Paulo Betti – Na Carreira de um Sonhador
Teté Ribeiro

Paulo José – Memórias Substantivas
Tania Carvalho

Paulo Hesse – A Vida Fez de Mim um Livro e Eu Não Sei Ler
Eliana Pace

Pedro Paulo Rangel – O Samba e o Fado
Tania Carvalho

Regina Braga – Talento é um Aprendizado
Marta Góes

Reginaldo Faria – O Solo de Um Inquieto
Wagner de Assis

Renata Fronzi – Chorar de Rir
Wagner de Assis

Renato Borghi – Borghi em Revista
Élcio Nogueira Seixas

Renato Consorte – Contestador por Índole
Eliana Pace

Rolando Boldrin – Palco Brasil
Ieda de Abreu

Rubens de Falco – Um Internacional Ator Brasileiro
Nydia Licia

Ruth de Souza – Estrela Negra
Maria Ângela de Jesus

Sérgio Hingst – Um Ator de Cinema
Máximo Barro

Sérgio Viotti – O Cavalheiro das Artes
Nilu Lebert

Silnei Siqueira – A Palavra em Cena
Ieda de Abreu

Silvio de Abreu – Um Homem de Sorte
Vilmar Ledesma

Sônia Guedes – Chá das Cinco
Adélia Nicolete

Sonia Maria Dorce – A Queridinha do meu Bairro
Sonia Maria Dorce Armonia

Sonia Oiticica – Uma Atriz Rodriguiana?
Maria Thereza Vargas

Stênio Garcia – Força da Natureza
Wagner Assis

Suely Franco – A Alegria de Representar
Alfredo Sternheim

Tatiana Belinky – ... E Quem Quiser Que Conte Outra
Sérgio Roveri

Theresa Amayo – Ficção e Realidade
Theresa Amayo

Tony Ramos – No Tempo da Delicadeza
Tania Carvalho

Umberto Magnani – Um Rio de Memórias
Adélia Nicolete

Vera Holtz – O Gosto da Vera
Analu Ribeiro

Vera Nunes – Raro Talento
Eliana Pace

Walderez de Barros – Voz e Silêncios
Rogério Menezes

Walter George Durst – Doce Guerreiro
Nilu Lebert

Zezé Motta – Muito Prazer
Rodrigo Murat

Especial

Agildo Ribeiro – O Capitão do Riso
Wagner de Assis

Av. Paulista, 900 – a História da TV Gazeta
Elmo Francfort

Beatriz Segall – Além das Aparências
Nilu Lebert

Carlos Zara – Paixão em Quatro Atos
Tania Carvalho

Célia Helena – Uma Atriz Visceral
Nydia Licia

Charles Möeller e Claudio Botelho – Os Reis dos Musicais
Tania Carvalho

Cinema da Boca – Dicionário de Diretores
Alfredo Sternheim

Dina Sfat – Retratos de uma Guerreira
Antonio Gilberto

Eva Todor – O Teatro de Minha Vida
Maria Angela de Jesus

Eva Wilma – Arte e Vida
Edla van Steen

Gloria in Excelsior – Ascensão, Apogeu e Queda do Maior Sucesso da Televisão Brasileira
Álvaro Moya

Lembranças de Hollywood
Dulce Damasceno de Britto, organizado por Alfredo Sternheim

Maria Della Costa – Seu Teatro, Sua Vida
Warde Marx

Mazzaropi – Uma Antologia de Risos
Paulo Duarte

Ney Latorraca – Uma Celebração
Tania Carvalho

Odorico Paraguaçu: O Bem-amado de Dias Gomes – História de um Personagem Larapista e Maquiavelento
José Dias

Raul Cortez – Sem Medo de se Expor
Nydia Licia

Rede Manchete – Aconteceu, Virou História
Elmo Francfort

Sérgio Cardoso – Imagens de Sua Arte
Nydia Licia

Tônia Carrero – Movida pela Paixão
Tania Carvalho

TV Tupi – Uma Linda História de Amor
Vida Alves

Victor Berbara – O Homem das Mil Faces
Tania Carvalho

Walmor Chagas – Ensaio Aberto para Um Homem Indignado
Djalma Limongi Batista

Dados Internacionais de Catalogação na Publicação
Biblioteca da Imprensa Oficial do Estado de São Paulo

Carvalho, Tania
Rosamaria Murtinho : simples magia / Tânia Carvalho. – São Paulo : Imprensa Oficial do Estado de São Paulo, [2004].
220p.: il. - (Coleção aplauso. Série perfil / coordenador geral Rubens Ewald Filho)

ISBN 85-7060-233-2 (obra completa) (Imprensa Oficial)
ISBN 85-7060-298-7 (Imprensa Oficial)

1. Atores e atrizes de teatro - Biografia 2. Atores e atrizes de televisão - Biografia 3. Murtinho, Rosamaria I. Ewald Filho, Rubens. II. Título. III. Série.

04-8351 CDD-791.092

Índice para catálogo sistemático:
1. Atores brasileiros : Biografia :
Representações públicas : Artes 791.092

Foi feito o depósito legal
Lei nº 10.994, de 14/12/2004

Impresso no Brasil / 2004
Reimpresso no Brasil / 2010

Imprensa Oficial do Estado de São Paulo
Rua da Mooca, 1921 Mooca
03103-902 São Paulo SP
www.imprensaoficial.com.br/livraria
livros@imprensaoficial.com.br
SAC 0800 01234 01
sac@imprensaoficial.com.br

Coleção Aplauso Perfil

Editor	Hubert Alquéres
Coordenador Geral	Rubens Ewald Filho
Coordenador Operacional e Pesquisa Iconográfica	Marcelo Pestana
Projeto Gráfico	Carlos Cirne

Formato: 12 x 18 cm

Tipologia: Frutiger

Papel miolo: Offset LD 90 g/m²

Papel capa: Triplex 250 g/m²

Número de páginas: 220

Editoração, CTP, impressão e acabamento:
Imprensa Oficial do Estado de São Paulo

Nesta edição, respeitou-se o novo
Acordo Ortográfico da Língua Portuguesa

imprensaoficial